Stilke's Rechtsbibliothek Nr. 103a
Die Gesetze des Deutschen Reichs und der deutschen Länder
mit systematischen Erläuterungen

Nachtrag

zum

Handelsgesetzbuch
Aktienrechtsnovelle

kommentiert von

Dr. Wenzel Goldbaum
Rechtsanwalt und Notar in Berlin

1 9 3 1
Verlag von Georg Stilke, Berlin

Vorwort

Die VO. nimmt in gewissen wichtigen Punkten die umfassende Reform des zermürbten Aktienrechts voraus: Erwerb eigener Aktien, Einziehung, Kredite an Vorstandsmitglieder, Bilanz, Bilanzprüfung, Gründungs- und Geschäftsführungsprüfung, Haftung, Regreßansprüche, Aufsichtsrat.

Die VO. ist (mit sehr wesentlichen Ausnahmen) am 1. Oktober 1931 in Kraft getreten.

Seit dem 1. Oktober 1931 gelten die neuen Vorschriften über

a) Erwerb eigener Aktien und Interimsscheine (Art. I §§ 226, 227a);
b) Einziehung von Aktien (Art. I §§ 227, 227a);
c) Vierteljahresberichte (Art. III § 239a);
d) Kredite an Vorstandsmitglieder (Art. III § 240a);
e) Recht auf Einberufung des Aufsichtsrats (Art. IV § 244a);
f) Recht des Aufsichtsrats auf Vorstandsberichte (Art. IV § 246 Abs. 1 S. 3, 4);
g) Verbot des Stimmrechts der Aktionäre, die zugleich zum Vorstand oder Aufsichtsrat gehören, in gewissen Fällen (§ 266 Abs. 1 S. 2);
h) Minderheitsrecht auf Bestellung der Prüfer durch das Gericht (§ 266 Abs. 2), auf anderweite Bestellung (§ 266 Abs. 3);
i) Pflicht des Vorstands zur Vorlage der Bücher usw. und zur Auskunft (§ 262d);
k) Verschwiegenheit und Gewissenhaftigkeit der Prüfer (§ 262g).

Nach dem 1. Oktober 1931 erlöschen die Aemter der Aufsichtsräte (mit Beendigung der ersten Generalversammlung über das am 1. Oktober 1931 laufende

Geschäftsjahr (Art. VIII Abs. 2); ferner die statutarischen Bestimmungen den Aufsichtsrat betreffend (Art. VIII Abs. 1);

Neue Bestimmungen sind zu treffen (Art. VIII Abs. 1 S. 2); neue Aufsichtsratsmitglieder sind zu wählen (§ 243 HGB.).

Ab 1. Oktober 1931 gelten die neuen Bestimmungen über Beschlußfassung hinsichtlich Gründungs- und Geschäftsführungsprüfung (nicht aber Bilanzprüfung). Bis 1. April 1932 können Aktien, die die Gesellschaft am 1. Oktober 1931 besitzt, nach Maßgabe des § 227 Abs. 3 Nr. 3 eingezogen werden.

Also: wenn sich die nächste Generalversammlung auf ein vor dem 1. Oktober 1931 abgelaufenes Geschäftsjahr bezieht, so bleibt alles beim alten: neue Vorschriften sind nicht anzuwenden.

Wenn dann eine GV. kommt, dann sind die Aufsichtsräte neu zu wählen und das Statut ist durch neue Bestimmungen zu ergänzen.

Bei Abstimmungen über Gründungs- und Geschäftsführungsprüfung sind die neuen Vorschriften zu beachten (§ 266).

Weiteres ergibt sich aus Durchführungsbestimmungen und Anweisungen, die auf Grund der Ermächtigung von der Reichsregierung erlassen werden.

Die zahlreichen Schwierigkeiten, welche die Vorschriften mit sich bringen, werden in dem Kommentar aufgezeigt, und es wird versucht, sie zu lösen. Hoffentlich bietet die Arbeit all denen, die berufen sind, diese Anfänge eines neuen Aktienrechts anzuwenden, den Aktiengesellschaften, Konzernen und ihren Syndizi, den Anwälten und Notaren wie den Registerrichtern eine wirksame Hilfe.

Ein Sachregister soll die schnelle Orientierung ermöglichen.

Berlin W. 66, Wilhelmstr. 52.

Dr. Wenzel Goldbaum.

Verordnung des Reichspräsidenten über Aktienrecht, Bankenaufsicht und über eine Steueramnestie

Vom 19. September 1931

Auf Grund des Artikel 48 Abs. 2 der Reichsverfassung wird verordnet:

Erster Teil

Vorschriften über Aktiengesellschaften und Kommanditgesellschaften auf Aktien

Artikel I

1. Die §§ 226, 227 des Handelsgesetzbuchs sind in folgender Fassung anzuwenden:

§ 226

(1) Die Aktiengesellschaft darf eigene Aktien oder Interimsscheine erwerben, wenn es zur Abwendung eines schweren Schadens von der Gesellschaft notwendig ist; der Gesamtnennbetrag der zu erwerbenden Aktien darf zehn vom Hundert oder einen etwa von der Reichsregierung festgesetzten niedrigeren Hundertsatz des Grundkapitals nicht übersteigen. Im übrigen darf die Aktiengesellschaft eigene Interimsscheine nicht, eigene Aktien nur erwerben, wenn auf sie der Nennbetrag oder, falls der Ausgabebetrag höher ist, dieser voll geleistet ist und wenn

1. die Gesellschaft damit eine Einkaufskommission ausführt oder
2. der Gesamtnennbetrag der zu erwerbenden Aktien zusammen mit anderen eigenen Aktien, die der Gesellschaft bereits gehören, zehn vom Hundert oder einen etwa von der Reichsregierung festgesetzten niedrigeren Hundertsatz des Grundkapitals nicht übersteigt und die Aktien zur Einziehung erworben werden; als hierzu erworben gelten die Aktien nur, wenn sie binnen sechs Monaten nach Erwerb eingezogen werden.

(2) Die Wirksamkeit des Erwerbs eigener Aktien wird durch einen Verstoß gegen die Vorschriften des Abs. 1 nicht berührt, es sei denn, daß auf sie der Nennbetrag oder, falls der Ausgabebetrag höher ist, dieser noch nicht voll geleistet ist.

(3) Dem Erwerb eigener Aktien und eigener Interimsscheine steht es gleich, wenn eigene Aktien oder eigene Interimsscheine zum Pfand genommen werden oder wenn Aktien der Gesellschaft von einem andern für Rechnung der Gesellschaft oder unter Uebernahme einer Kursgarantie durch die Gesellschaft erworben werden.

(4) Steht eine Handelsgesellschaft oder bergrechtliche Gewerkschaft auf Grund von Beteiligungen oder in sonstiger Weise unmittelbar oder mittelbar unter dem beherrschenden Einfluß einer Aktiengesellschaft oder Kommanditgesellschaft auf Aktien (abhängige Gesellschaft), so darf sie Aktien oder Interimsscheine der herrschenden Gesellschaft nur nach Maßgabe der für den Erwerb eigener Aktien vorgesehenen Bestimmungen der Abs. 1 bis 3 erwerben oder als Pfand nehmen. Sie darf ferner Aktien der herrschenden Gesellschaft nicht zeichnen; die Wirksamkeit einer solchen Zeichnung wird durch einen Verstoß gegen diese Vorschrift nicht berührt.

(5) Das Stimmrecht und der Anspruch auf den Reingewinn aus eigenen Aktien, die der Gesellschaft oder einem anderen für ihre Rechnung gehören, ruhen.

§ 227

(1) Aktien können zwangsweise oder nach Erwerb durch die Gesellschaft eingezogen werden. Die Zwangseinziehung ist nur zulässig, wenn sie in dem ursprünglichen Gesellschaftsvertrag oder durch eine vor der Uebernahme oder Zeichnung der Aktien bewirkte Aenderung des Gesellschaftsvertrags angeordnet oder gestattet war.

(2) Bei der Einziehung sind die Vorschriften über die Herabsetzung des Grundkapitals zu befolgen. Dies gilt nicht, wenn

1. die Aktien der Gesellschaft unentgeltlich zur Verfügung gestellt oder
2. zu Lasten des nach der jährlichen Bilanz verfügbaren Gewinns oder eines Reservefonds eingezogen werden oder
3. die Gesellschaft die einzuziehenden Aktien innerhalb der letzten sechs Monate vor der Einziehung erworben hat und der Gesamtnennbetrag zehn vom Hundert oder den von der Reichsregierung gemäß § 226 Abs. 1 Nr. 2 festgesetzten niedrigeren Hundertsatz des Grundkapitals nicht übersteigt.

(3) In den Fällen des Abs. 2 Nr. 1 bis 3 erfolgt die Einziehung auf Grund eines Beschlusses der Generalversammlung, soweit es sich nicht um eine durch den Gesellschaftsvertrag angeordnete Zwangseinziehung handelt. Der Beschluß bedarf der einfachen Stimmenmehrheit; der Gesellschaftsvertrag kann für die Beschlußfassung noch andere Erfordernisse aufstellen. Der Beschluß kann nur gefaßt werden, wenn der Gegenstand gemäß § 256 Abs. 2 ausdrücklich angekündigt worden ist. Durch die Einziehung ermäßigt sich das Grundkapital um den Gesamtnennbetrag der eingezogenen Aktien. Der Vorstand hat den Beschluß sowie die erfolgte Ermäßigung zur Eintragung in das Handelsregister anzumelden.

(4) Im Falle des Abs. 2 Nr. 3 ist den Gläubigern, deren Forderungen vor der Bekanntmachung der Eintragung des Beschlusses in das Handelsregister begründet sind, wenn sie sich innerhalb von drei Monaten nach der Bekanntmachung der Eintragung zu diesem Zwecke melden, Sicherheit zu leisten, soweit sie nicht Befriedigung verlangen können.

(5) Unter die Passiven der Jahresbilanz ist als Reservefonds einzustellen

1. in den Fällen des Abs. 2 Nr. 1 und 2 ein dem Nennbetrage der eingezogenen Aktien gleichkommender Betrag,
2. im Falle des Abs. 2 Nr. 3 der Betrag eines aus der Einziehung erzielten buchmäßigen Gewinns.

Der Reservefonds kann ganz oder teilweise nur unter Einhaltung der Vorschrift des § 289 aufgelöst werden.

2. Hinter § 227 des Handelsgesetzbuchs ist als § 227a folgende Vorschrift einzufügen:

§ 227a

(1) Die Mitglieder des Vorstandes sind zum Ersatze verpflichtet, wenn entgegen den Vorschriften der §§ 226, 227 eigene Aktien oder Interimsscheine der Gesellschaft oder einer anderen Gesellschaft erworben, als Pfand genommen oder eingezogen werden.

(2) Die Mitglieder des Aufsichtsrats sind zum Ersatze verpflichtet, wenn mit ihrem Wissen und ohne ihr Ein-

schreiten eine der im Abs. 1 bezeichneten Handlungen vorgenommen wird.

(3) Auf die Geltendmachung des Ersatzanspruchs gegen die Mitglieder des Vorstandes und Aufsichtsrats finden die Vorschriften des § 241 Abs. 4, 5 entsprechende Anwendung.

Artikel II

Hinter § 230 des Handelsgesetzbuchs ist als § 230a folgende Vorschrift einzufügen:

§ 230a

Soweit im Handelsgesetzbuch die Ausübung von Rechten der Aktionäre davon abhängig ist, daß die Aktionäre während eines bestimmten Zeitraums Inhaber der Aktien gewesen sind, steht dem Eigentum an Aktien ein Anspruch auf Uebereignung von Aktien gegen eine Bank gleich. Die Eigentumszeit eines Rechtsvorgängers wird dem Aktionär zugerechnet, wenn er die Aktien unentgeltlich, als Gesamtrechtsnachfolger, im Wege der Auseinandersetzung einer Gemeinschaft oder von seinem Treuhänder erworben hat.

Artikel III

1. Hinter § 239 des Handelsgesetzbuchs ist als § 239a folgende Vorschrift einzufügen:

§ 239a

Der Vorstand hat dem Aufsichtsrat in regelmäßigen, mindestens vierteljährlichen Zwischenräumen sowie bei wichtigem Anlaß über den Gang der Geschäfte und die Lage des Unternehmens mündlich oder schriftlich zu berichten. Ist der Bericht schriftlich erstattet, so ist jedes Mitglied des Aufsichtsrats berechtigt, ihn einzusehen.

2. Hinter § 240 des Handelsgesetzbuchs ist als § 240a folgende Vorschrift einzufügen:

§ 240a

(1) Mitgliedern des Vorstandes darf Kredit nur mit ausdrücklicher Zustimmung des Aufsichtsrats gewährt werden. Das gleiche gilt für Kredite an gesetzliche Vertreter eines von der Gesellschaft abhängigen Unternehmens oder eines Unternehmens, von dem die kreditgewährende Gesellschaft abhängt. Die Zustimmung kann für gewisse Kredit-

geschäfte oder Arten von Kreditgeschäften im voraus, jedoch nicht für länger als drei Monate erteilt werden.

(2) Wird Kredit in Form eines Darlehns gewährt, so hat der Beschluß des Aufsichtsrats, durch den die Zustimmung erteilt wird, Bestimmungen über die Verzinsung und Rückzahlung des Darlehens zu enthalten. Der Darlehnsgewährung steht die Gestattung aller Entnahmen gleich, die über die einem Mitgliede des Vorstandes oder einem anderen gesetzlichen Vertreter zustehenden Vergütungen hinausgehen, insbesondere auch von Vorschüssen auf Vergütungen.

(3) Die Vorschriften der Abs. 1, 2 gelten auch für Kredite zugunsten des Ehegatten oder eines minderjährigen Kindes des Vorstandsmitgliedes oder anderen gesetzlichen Vertreters oder zugunsten eines Dritten, der für dessen Rechnung handelt.

(4) Die Mitglieder des Vorstandes sind zum Ersatz verpflichtet, wenn sie entgegen den Vorschriften der Abs. 1 bis 3 an andere Mitglieder des Vorstandes oder ihnen gleichgestellte Personen Kredit gewähren.

(5) Die Mitglieder des Aufsichtsrats sind zum Ersatz verpflichtet, wenn mit ihrem Wissen und ohne ihr Einschreiten eine der im Abs. 1 bis 3 bezeichneten Handlungen vorgenommen wird.

(6) Auf die Geltendmachung des Ersatzanspruchs nach Abs. 4, 5 finden die Vorschriften des § 241 Abs. 4, 5 entsprechende Anwendung.

Artikel IV

1. Hinter § 244 des Handelsgesetzbuchs ist als § 244a folgende Vorschrift einzufügen:

§ 244a

(1) Jedes Mitglied des Aufsichtsrats ist berechtigt, unter Angabe des Zwecks und der Gründe zu verlangen, daß der Vorsitzende unverzüglich den Aufsichtsrat beruft. Die Sitzung muß spätestens zwei Wochen nach der Einberufung stattfinden.

(2) Wird einem von mindestens zwei Mitgliedern des Aufsichtsrats geäußerten Verlangen nicht entsprochen, so

können die Mitglieder, die das Verlangen gestellt hatten, unter Mitteilung des Sachverhalts selbst den Aufsichtsrat berufen.

(3) Stellt die Einberufung einen offenbaren Mißbrauch dar, so fallen die Kosten der Sitzung den Mitgliedern zur Last, die die Einberufung veranlaßt haben. Der Anspruch der Gesellschaft auf Erstattung der Kosten kann nur mit Zustimmung von drei Vierteln der Gesamtzahl der Mitglieder des Aufsichtsrats geltend gemacht werden.

2. Im § 246 Abs. 1 des Handelsgesetzbuchs wird dem Satz 2 folgende Vorschrift angefügt:

Auf Verlangen des Aufsichtsrats ist auch über die Beziehungen zu einer abhängigen Gesellschaft oder einer Konzerngesellschaft zu berichten. Das Recht auf Berichterstattung steht auch dem einzelnen Mitglied des Aufsichtsrats mit der Maßgabe zu, daß die Berichterstattung nur an den Aufsichtsrat als solchen und, wenn der Vorstand die Berichterstattung ablehnt, nur dann verlangt werden kann, wenn das Verlangen mindestens von einem anderen Mitglied und bei einem Aufsichtsrat von zwanzig oder mehr Mitgliedern mindestens von zwei anderen Mitgliedern des Aufsichtsrats unterstützt wird.

Artikel V

1. § 260 des Handelsgesetzbuchs ist in folgender Fassung anzuwenden:

§ 260

(1) Die Generalversammlung beschließt über die Jahresbilanz und die Gewinn- und Verlustrechnung (Jahresabschluß), über die Gewinnverteilung und über die Entlastung des Vorstandes und des Aufsichtsrats.

(2) Der Vorstand hat in den ersten drei Monaten des Geschäftsjahrs für das verflossene Geschäftsjahr den Jahresabschluß sowie einen Geschäftsbericht dem Aufsichtsrat und mit dessen Bemerkungen der Generalversammlung vorzulegen. Der Gesellschaftsvertrag kann eine andere Frist bestimmen, jedoch nicht über die Dauer von sechs Monaten hinaus.

2. Hinter § 260 des Handelsgesetzbuchs werden als §§ 260a und b folgende Vorschriften eingefügt:

§ 260a

(1) In dem Geschäftsbericht sind der Vermögensstand und die Verhältnisse der Gesellschaft zu entwickeln und der Jahresabschluß zu erläutern. Bei der Erläuterung des Jahresabschlusses sind auch wesentliche Abweichungen von dem früheren Jahresabschluß zu erörtern.

(2) In dem Geschäftsbericht ist auch über die Beziehungen zu einer abhängigen Gesellschaft und einer Konzerngesellschaft zu berichten.

(3) In dem Geschäftsbericht sind ferner Angaben zu machen über

1. Aktien, die von dem Aktionär als Gründer oder Zeichner für Rechnung der Gesellschaft übernommen worden sind; sind solche Aktien im Laufe des Geschäftsjahrs verwertet worden, so ist auch über ihre Verwertung und die Verwendung des Erlöses zu berichten;
2. den Bestand an eigenen Aktien der Gesellschaft, die ihr oder einem anderen für ihre Rechnung gehören; sind solche Aktien im Laufe des Geschäftsjahrs erworben oder veräußert worden, so ist auch über den Erwerbs- oder Veräußerungspreis und die Verwendung des Erlöses zu berichten;
3. gebundene Aktien; eine Aktie gilt als gebundene Aktie, wenn der Aktionär durch ausdrückliche oder stillschweigende Vereinbarung zugunsten der Gesellschaft, einer abhängigen Gesellschaft oder einer Konzerngesellschaft in der Ausübung der Aktienrechte oder in der Veräußerung oder sonstigen Verfügung über die Aktie gebunden ist;
4. im Laufe des Geschäftsjahrs ausgegebene Genußscheine;
5. aus der Bilanz nicht ersichtliche Haftungsverhältnisse einschließlich von Pfandbestellungen und Sicherungsübereignungen sowie von Verbindlichkeiten aus der Begebung von Wechseln und Schecks;
6. die Gesamtbezüge der Mitglieder des Vorstandes und die der Mitglieder des Aufsichtsrats (Gehalt; Ver-

gütungen, die in einem Anteil am Jahresgewinn bestehen; Aufwandsentschädigungen; Provisionen und Nebenleistungen jeder Art);

7. die Zugehörigkeit der Gesellschaft zu preis- und absatzregelnden Verbänden, Konventionen und ähnlichen Verbindungen;

8. Vorgänge von besonderer Bedeutung, die nach dem Ende des Geschäftsjahrs eingetreten sind.

(4) Die Berichterstattung hat den Grundsätzen einer gewissenhaften und getreuen Rechenschaftsablegung zu entsprechen. Sie kann nur insoweit unterbleiben, als das überwiegende Interesse einer der beteiligten Gesellschaften oder der Allgemeinheit es erfordert.

§ 260 b

(1) Für die Aufstellung des Jahresabschlusses kommen, soweit nicht in den §§ 261 bis 261 e ein anderes bestimmt ist, die Vorschriften des Vierten Abschnitts des Ersten Buches und im übrigen die Grundsätze ordnungsmäßiger Buchführung und Bilanzierung zur Anwendung.

(2) Der Jahresabschluß ist so klar und übersichtlich aufzustellen, daß er den Beteiligten einen möglichst sicheren Einblick in die Lage der Gesellschaft gewährt.

3. Der § 261 des Handelsgesetzbuchs ist in folgender Fassung anzuwenden:

§ 261

Für den Ansatz der einzelnen Posten der Jahresbilanz gelten folgende Vorschriften:

1. Anlagen und andere Vermögensgegenstände, die dauernd zum Geschäftsbetriebe der Gesellschaft bestimmt sind, dürfen ohne Rücksicht auf einen geringeren Wert zu den Anschaffungs- oder Herstellungskosten angesetzt werden, wenn der Anteil an dem etwaigen Wertverlust, der sich bei seiner Verteilung auf die mutmaßliche Gesamtdauer der Verwendung oder Nutzung für den einzelnen Bilanzabschnitt ergibt, in Abzug oder in der Form von Wertberichtigungskonten in Ansatz gebracht wird. Bei der Berechnung der Herstellungskosten dürfen im angemessenen Umfang Abschreibungen berücksichtigt und angemessene Anteile an den Betriebs-

und Verwaltungskosten eingerechnet werden, die auf den Zeitraum der Herstellung entfallen; Vertriebskosten gelten hierbei nicht als Bestandteile der Betriebs- und Verwaltungskosten.

Wertpapiere, die dauernd zum Geschäftsbetriebe der Gesellschaft bestimmt sind, dürfen ohne Rücksicht auf einen geringeren Wert zu den Anschaffungskosten angesetzt werden, soweit nicht die Grundsätze ordnungsmäßiger Buchführung Abschreibungen auf die Anschaffungskosten erforderlich machen.

2. Wertpapiere und andere Vermögensgegenstände, die nicht dauernd zum Geschäftsbetriebe der Gesellschaft bestimmt sind, sowie Waren und eigene Aktien der Gesellschaft dürfen höchstens zu den Anschaffungs- oder Herstellungskosten angesetzt werden. Bei der Berechnung der Herstellungskosten findet die Vorschrift der Nr. 1 Abs. 1 Satz 2 Anwendung.

Sind die Anschaffungs- oder Herstellungskosten höher als der Börsen- oder Marktpreis am Bilanzstichtage, so ist höchstens dieser Börsen- oder Marktpreis anzusetzen.

Uebersteigen die Anschaffungs- oder Herstellungskosten, falls ein Börsen- oder Marktpreis nicht festzustellen ist, den Wert, der den Gegenständen am Bilanzstichtage beizulegen ist, so ist höchstens dieser Wert anzusetzen.

3. Die Kosten der Gründung und der Kapitalerhöhung dürfen nicht als Aktiven eingesetzt werden.

4. Für den Geschäfts- oder Firmenwert darf ein Posten unter die Aktiven nicht eingesetzt werden. Uebersteigt jedoch die für die Uebernahme eines Unternehmens bewirkte Gegenleistung die Werte der einzelnen Vermögensgegenstände des Unternehmens im Zeitpunkt der Uebernahme, so darf der Unterschied gesondert unter die Aktiven aufgenommen werden. Der eingesetzte Aktivposten ist durch angemessene jährliche Abschreibungen zu tilgen.

5. Anleihen der Gesellschaft sind mit ihrem Rückzahlungsbetrag unter die Passiven aufzunehmen. Ist der Rückzahlungsbetrag höher als der Ausgabepreis, so darf der Unterschied gesondert unter die Aktiven aufgenom-

men werden. Der eingesetzte Aktivposten ist durch jährliche Abschreibungen zu tilgen, die auf die gesamte Laufzeit der Anleihe verteilt werden dürfen.

6. Der Betrag des Grundkapitals ist unter die Passiven zum Nennbetrag einzusetzen.

4. Hinter § 261 des Handelsgesetzbuchs sind als §§ 261a bis e folgende Vorschriften einzufügen:

§ 261a

(1) In der Jahresbilanz sind, soweit nicht der Geschäftszweig der Gesellschaft eine abweichende Gliederung bedingt, unbeschadet einer weiteren Gliederung folgende Posten gesondert auszuweisen:

A. Auf der Seite der Aktiven:

I. Rückständige Einlagen auf das Grundkapital.

II. Anlagevermögen.
1. Grundstücke ohne Berücksichtigung von Baulichkeiten;
2. Gebäude;
 a) Geschäfts- und Wohngebäude,
 b) Fabrikgebäude und andere Baulichkeiten;
3. Maschinen und maschinelle Anlagen;
4. Werkzeuge, Betriebs- und Geschäftsinventar;
5. Konzessionen, Patente, Lizenzen, Marken- und ähnliche Rechte.

III. Beteiligungen einschließlich der zur Beteiligung bestimmten Wertpapiere. Aktien einer Gesellschaft, deren Nennbeträge insgesamt den vierten Teil des Grundkapitals dieser Gesellschaft erreichen, sowie Kuxe einer bergrechtlichen Gewerkschaft, deren Zahl insgesamt den vierten Teil der Kuxe dieser Gewerkschaft erreicht, gelten im Zweifel als zur Beteiligung bestimmt.

IV. Umlaufsvermögen.
1. Roh-, Hilfs- und Betriebsstoffe;
2. halbfertige Erzeugnisse;
3. fertige Erzeugnisse, Waren;
4. Wertpapiere, soweit sie nicht unter III oder IV Nr. 5, 11 oder 12 aufzuführen sind;

5. der Gesellschaft gehörige eigene Aktien unter Angabe ihres Nennbetrags;
6. der Gesellschaft zustehende Hypotheken, Grundschulden und Rentenschulden;
7. von der Gesellschaft geleistete Anzahlungen;
8. Forderungen auf Grund von Warenlieferungen und Leistungen;
9. Forderungen an abhängige Gesellschaften und Konzerngesellschaften;
10. Forderungen an Mitglieder des Vorstandes oder an gesetzliche Vertreter eines von der Gesellschaft abhängigen Unternehmens oder eines Unternehmens, von dem die Gesellschaft, der die Forderung zusteht, abhängt, sowie an den Ehegatten oder ein minderjähriges Kind dieser Personen sowie an einen Dritten, der für Rechnung einer dieser Personen handelt;
11. Wechsel;
12. Schecks;
13. Kassenbestand einschließlich Guthaben bei Notenbanken und Postscheckguthaben;
14. andere Bankguthaben.

V. Posten, die der Rechnungsabgrenzung dienen.

B. Auf der Seite der Passiven:

I. Grundkapital; die Gesamtnennbeträge der Vorzugsaktien jeder Gattung sind gesondert anzugeben; sind Aktien ausgegeben, denen ein höheres Stimmrecht beigelegt ist als den Aktien einer anderen Gattung oder die durch eine ihren Nennbeträgen nicht entsprechende Abstufung des Stimmrechts vor den Aktien einer anderen Gattung bevorzugt sind (Stimmrechtsaktien), so ist außerdem die Gesamtstimmenzahl der Stimmrechtsaktien und der im Stimmrecht nicht bevorzugten Aktien zu vermerken.

II. Reservefonds.
1. Gesetzlicher Reservefonds;
2. andere Reservefonds.

III. Rückstellungen.

IV. Wertberichtigungsposten.

V. Verbindlichkeiten.

1. Anleihen der Gesellschaft unter Anführung ihrer etwaigen hypothekarischen Sicherung;
2. auf Grundstücken der Gesellschaft lastende Hypotheken, soweit sie nicht Sicherungshypotheken sind oder zur Sicherung von Anleihen dienen, Grundschulden und Rentenschulden;
3. Anzahlungen von Kunden;
4. Verbindlichkeiten auf Grund von Warenlieferungen und Leistungen;
5. Verbindlichkeiten gegenüber abhängigen Gesellschaften und Konzerngesellschaften;
6. Verbindlichkeiten aus der Annahme von gezogenen Wechseln und der Ausstellung eigener Wechsel;
7. Verbindlichkeiten gegenüber Banken.

VI. Posten, die der Rechnungsabgrenzung dienen.

(2) Der Reingewinn oder Reinverlust des Jahres ist am Schlusse der Bilanz ungeteilt und vom vorjährigen Gewinn- oder Verlustvortrage gesondert auszuweisen.

(3) Beim Anlagevermögen und bei den Beteiligungen sind die auf die einzelnen Posten entfallenden Zu- und Abgänge gesondert aufzuführen. Die Verrechnung von Forderungen mit Verbindlichkeiten ist unzulässig; Entsprechendes gilt für Grundstücksrechte und -belastungen, denen eine persönliche Forderung nicht zugrunde liegt. Die Beträge der Reservefonds, der Rückstellungen und der Wertberichtigungsposten dürfen nicht unter den Verbindlichkeiten der Gesellschaft aufgeführt werden. Fallen Forderungen oder Verbindlichkeiten unter mehrere Posten, so ist bei dem Posten, unter dem sie ausgewiesen werden, die Mitzugehörigkeit zu den anderen Posten zu vermerken, soweit dies zur klaren und übersichtlichen Bilanzierung erforderlich ist. Der Gesellschaft gehörige Aktien dürfen nicht unter anderen Posten aufgeführt werden.

§ 261b

Verbindlichkeiten aus Bürgschaften, Wechsel- und Scheckbürgschaften sowie aus Garantieverträgen sind, auch soweit ihnen gleichwertige Rückgriffsforderungen gegenüberstehen, in voller Höhe in der Bilanz zu vermerken.

§ 261c

(1) In der Gewinn- und Verlustrechnung sind, soweit nicht der Geschäftszweig der Gesellschaft eine abweichende Gliederung bedingt, unbeschadet einer weiteren Gliederung folgende Posten gesondert auszuweisen:

I. Auf der Seite der Aufwendungen:
1. Löhne und Gehälter;
2. soziale Abgaben;
3. Abschreibungen auf Anlagen;
4. andere Abschreibungen;
5. Zinsen, soweit sie die Ertragszinsen übersteigen;
6. Besitzsteuern der Gesellschaft;
7. alle übrigen Aufwendungen mit Ausnahme der Aufwendungen für Roh-, Hilfs- und Betriebsstoffe, bei Handelsbetrieben mit Ausnahme der Aufwendungen für die bezogenen Waren.

II. Auf der Seite der Erträge:
1. Der Betrag, der sich nach Abzug der Aufwendungen für Roh-, Hilfs- und Betriebsstoffe, bei Handelsbetrieben nach Abzug der Aufwendungen für die bezogenen Waren, sowie nach Abzug der unter 2 bis 5 gesondert auszuweisenden Erträge ergibt;
2. Erträge aus Beteiligungen;
3. Zinsen, soweit sie die Aufwandszinsen übersteigen, und sonstige Kapitalerträge;
4. außerordentliche Erträge;
5. außerordentliche Zuwendungen.

(2) Der Reingewinn oder Reinverlust des Jahres ist am Schlusse der Gewinn- und Verlustrechnung ungeteilt und vom vorjährigen Gewinn- oder Verlustvortrage gesondert auszuweisen.

§ 261d

Die Reichsregierung wird ermächtigt,

1. für die Aufstellung des Jahresabschlusses Formblätter mit der Maßgabe vorzuschreiben, daß die Bilanz und die Gewinn- und Verlustrechnung statt nach den Vorschriften der §§ 261a bis 261c nach diesen Formblättern zu gliedern sind;

2. für Konzerngesellschaften Vorschriften über die Aufstellung des eigenen und über die Aufstellung eines gemeinschaftlichen Jahresabschlusses zu erlassen.

§ 261e

Auf eine Verletzung der Vorschriften der §§ 261a bis 261c sowie auf eine Nichtbeachtung von Formblättern, nach denen die Bilanz und die Gewinn- und Verlustrechnung zu gliedern sind, kann eine Anfechtung (§ 271) nicht gegründet werden.

Artikel VI

Hinter § 262 des Handelsgesetzbuchs sind als §§ 262a bis g folgende Vorschriften einzufügen:

§ 262a

(1) Der Jahresabschluß der Gesellschaft ist unter Einbeziehung der zugrunde liegenden Buchführung und des Geschäftsberichts durch einen oder mehrere sachverständige Prüfer (Bilanzprüfer) zu prüfen, bevor der Jahresabschluß der Generalversammlung zur Beschlußfassung vorgelegt wird.

(2) Die Bilanzprüfung darf sich nicht darauf beschränken, ob der Jahresabschluß äußerlich sachgemäß aufgestellt ist und mit der Inventur und den Geschäftsbüchern übereinstimmt, sondern hat sich auch auf die Anwendung der Vorschriften der §§ 260, 260a und b, § 261, §§ 261a bis e, § 262 zu erstrecken.

§ 262b

(1) Die Bilanzprüfer werden von der Generalversammlung gewählt; die Wahl soll vor dem Ablauf jedes Geschäftsjahrs erfolgen. Der Vorstand hat den gewählten Bilanzprüfern den Prüfungsauftrag zu erteilen.

(2) Der Vorstand, der Aufsichtsrat oder eine Minderheit, deren Anteile den zehnten Teil des Grundkapitals erreichen, sind berechtigt, im Interesse der Gesellschaft gegen die Auswahl der Bilanzprüfer zum Protokoll der Generalversammlung Widerspruch zu erheben. Der Widerspruch der Minderheit ist nur zu berücksichtigen, wenn glaubhaft gemacht wird, daß die die Minderheit bildenden Aktionäre seit mindestens drei Monaten, von der Generalversammlung zurückgerechnet, Inhaber der Aktien sind; zur Glaubhaft-

machung genügt eine Versicherung an Eides Statt vor einem Gericht oder einem Notar.

(3) Ueber den Widerspruch entscheidet nach Anhörung der Beteiligten das Gericht des Sitzes der Gesellschaft; die Entscheidung unterliegt nicht der Beschwerde. Wird dem Widerspruch stattgegeben, so hat das Gericht nach Anhörung der amtlichen Vertretung des Handelsstandes andere Bilanzprüfer zu bestellen; die Bestellung ist endgültig.

(4) Hat die Generalversammlung Bilanzprüfer nicht gewählt, so hat auf Antrag des Vorstandes, des Aufsichtsrats oder eines Aktionärs das im Abs. 3 bezeichnete Gericht nach Anhörung der amtlichen Vertretung des Handelsstandes die Bilanzprüfer zu bestellen; die Bestellung ist endgültig. Das gleiche gilt für den Fall, daß ein gewählter Bilanzprüfer die Annahme des Prüfungsauftrags ablehnt, wegfällt oder an dem rechtzeitigen Abschluß der Prüfung verhindert ist und nicht die Generalversammlung einen anderen Prüfer wählt.

(5) Die Wahl zum Bilanzprüfer kann auch vor dem Abschluß der Prüfung durch die Generalversammlung widerrufen werden; ist der Bilanzprüfer durch das Gericht bestellt, so steht die Befugnis zum Widerruf auf Antrag des Vorstandes dem Gericht zu.

§ 262c

(1) Als Bilanzprüfer sollen nur gewählt oder bestellt werden

1. Personen, die in der Buchführung ausreichend vorgebildet und erfahren sind;
2. Prüfungsgesellschaften, von deren Inhabern, Vorstandsmitgliedern oder Geschäftsführern mindestens einer die in Nr. 1 bezeichneten Eigenschaften besitzt.

(2) Prüfer, auf deren Geschäftsführung die zu prüfende Gesellschaft maßgebenden Einfluß hat, dürfen als Bilanzprüfer weder gewählt noch bestellt werden. Vorstands- und Aufsichtsratsmitglieder und Angestellte der Gesellschaft können nicht als Bilanzprüfer gewählt oder bestellt werden.

§ 262d

(1) Der Vorstand hat den Bilanzprüfern die Einsicht der Bücher und Schriften der Gesellschaft sowie die Unter-

suchung des Bestandes der Gesellschaftskasse und der Bestände an Wertpapieren und Waren zu gestatten.

(2) Die Bilanzprüfer können vom Vorstand alle Aufklärungen und Nachweise verlangen, welche die sorgfältige Erfüllung der ihnen obliegenden Prüfungspflicht erfordert.

§ 262e

(1) Die Bilanzprüfer haben über das Ergebnis der Prüfung schriftlich zu berichten. In dem Bericht ist besonders festzustellen, ob die Buchführung, der Jahresabschluß und der Geschäftsbericht den Vorschriften der §§ 260, 260a und b, § 261a bis e, § 262 entsprechen und ob der Vorstand die verlangten Aufklärungen und Nachweise geliefert hat. Die Prüfer haben den Bericht zu unterzeichnen.

(2) Der Bericht ist dem Aufsichtsrate vorzulegen. Jedes Mitglied des Aufsichtsrats ist berechtigt, den Bericht einzusehen.

(3) Der Aufsichtsrat hat in seinen Bemerkungen zum Geschäftsbericht anzugeben, durch welche Stelle die Bilanzprüfung stattgefunden hat, und zu dem Berichte der Bilanzprüfer Stellung zu nehmen; er hat ferner in der Generalversammlung, die über den Jahresabschluß zu beschließen hat, Auskunft darüber zu erteilen, ob die Prüfung nach ihrem abschließenden Ergebnis zu wesentlichen Beanstandungen Anlaß gegeben hat oder nicht.

§ 262f

(1) Sind nach dem abschließenden Ergebnis der Prüfung wesentliche Einwendungen nicht zu erheben, so haben die Bilanzprüfer dies durch einen Vermerk zu bestätigen; der Bestätigungsvermerk muß ergeben,

> ob nach pflichtgemäßer Prüfung auf Grund der Bücher und Schriften der Gesellschaft sowie der vom Vorstand erteilten Aufklärungen und Nachweise die Buchführung, der Jahresabschluß und der Geschäftsbericht den gesetzlichen Vorschriften entsprechen.

(2) Der Wortlaut des Bestätigungsvermerks ist in alle Veröffentlichungen und Vervielfältigungen des Jahresabschlusses aufzunehmen.

§ 262g

(1) Die Bilanzprüfer und, wenn sie sich bei der Prüfung anderer Personen bedienen, auch diese sind zur gewissenhaften und unparteiischen Prüfung und zur Verschwiegenheit verpflichtet. Sie dürfen Geschäfts- und Betriebsgeheimnisse, die sie bei der Wahrnehmung ihrer Obliegenheiten erfahren haben, nicht unbefugt verwerten. Wer seine Obliegenheiten verletzt, haftet der Gesellschaft für den daraus entstehenden Schaden. Mehrere Personen haften als Gesamtschuldner.

(2) Bei Fahrlässigkeit beschränkt sich die Haftpflicht für eine Prüfung auf hunderttausend Reichsmark, auch wenn an der Prüfung mehrere Personen beteiligt waren oder mehrere zum Ersatze verpflichtende Handlungen begangen worden sind; bei Vorsatz gilt dasselbe, wenn mehrere Personen haften, zugunsten der Personen, die selbst nicht vorsätzlich gehandelt haben.

(3) Die Verpflichtung zur Verschwiegenheit nach Abs. 1 Satz 1 besteht, wenn eine Prüfungsgesellschaft Bilanzprüfer ist, auch gegenüber dem Aufsichtsrat und den Mitgliedern des Aufsichtsrats der Prüfungsgesellschaft. Der Vorsitzende des Aufsichtsrats der Prüfungsgesellschaft und sein Stellvertreter dürfen jedoch die von der Prüfungsgesellschaft erstatteten Berichte einsehen, die hierbei erlangten Kenntnisse aber nur verwerten, soweit es die Erfüllung der Ueberwachungspflicht des Aufsichtsrats erfordert.

(4) Die Haftung nach diesen Vorschriften kann durch Vertrag weder ausgeschlossen noch beschränkt werden.

(5) Die Ansprüche aus diesen Vorschriften verjähren in fünf Jahren.

Artikel VII

Die §§ 266 bis 270 des Handelsgesetzbuchs sind in folgender Fassung anzuwenden:

§ 266

(1) Die Generalversammlung kann mit einfacher Stimmenmehrheit die Bestellung von Prüfern zur Prüfung von Vorgängen bei der Gründung oder der Geschäftsführung beschließen. Bei der Beschlußfassung können Aktionäre, die zugleich Mitglieder des Vorstandes oder Aufsichtsrats sind, weder für sich noch für einen anderen mitstimmen,

wenn die Prüfung sich auf Vorgänge erstrecken soll, die mit der dem Vorstand oder dem Aufsichtsrat zu erteilenden Entlastung oder der Einleitung eines Rechtsstreits zwischen Mitgliedern des Vorstandes oder des Aufsichtsrats und der Gesellschaft im Zusammenhange stehen.

(2) Ist in der Generalversammlung ein Antrag auf Bestellung von Prüfern zur Prüfung eines Vorganges bei der Gründung oder eines nicht länger als zwei Jahre zurückliegenden Vorganges bei der Geschäftsführung abgelehnt worden, so können auf Antrag einer Minderheit, deren Anteile zusammen den zehnten Teil des Grundkapitals erreichen, Prüfer durch das Gericht des Sitzes der Gesellschaft bestellt werden.

(3) Eine gleiche Minderheit hat das Recht, falls die Generalversammlung Prüfer bestellt hat, bei dem Gericht des Sitzes der Gesellschaft zu beantragen, daß andere Personen zu Prüfern bestellt werden.

(4) Ein Antrag nach Abs. 3 ist innerhalb einer Frist von zwei Wochen seit dem Tage der Generalversammlung zu stellen.

(5) Dem Antrag nach Abs. 2 ist nur stattzugeben, wenn Verdachtsgründe beigebracht werden, daß bei dem Vorgang Unredlichkeiten oder grobe Verletzungen des Gesetzes oder des Gesellschaftsvertrags stattgefunden haben. Die Antragsteller haben die Aktien bis zur Entscheidung über den Antrag zu hinterlegen und glaubhaft zu machen, daß sie seit mindestens drei Monaten, von der Generalversammlung zurückgerechnet, Inhaber der Aktien sind; zur Glaubhaftmachung genügt eine eidesstattliche Versicherung vor einem Gericht oder einem Notar.

(6) Vor der Bestellung sind der Vorstand und der Aufsichtsrat zu hören. Die Bestellung kann im Falle des Abs. 2 auf Verlangen von einer nach freiem Ermessen zu bestimmenden Sicherheitsleistung abhängig gemacht werden, wenn glaubhaft gemacht wird, daß der Gesellschaft auf Grund des § 267 Abs. 4 Satz 2 oder von Vorschriften des bürgerlichen Rechts gegen die Kläger oder einzelne von ihnen ein Ersatzanspruch zusteht oder erwachsen kann.

(7) Die Vorschriften des § 262c über die Auswahl der Bilanzprüfer und des § 262g über die Verantwortlichkeit der Bilanzprüfer finden auf Prüfer, die nach § 266 zur Prüfung

von Vorgängen bei der Gründung oder der Geschäftsführung bestellt sind, entsprechende Anwendung, die Vorschrift des § 262c jedoch nur, soweit es sich um Prüfer handelt, die das Gericht bestellt hat.

§ 267

(1) Der Vorstand hat in den Fällen des § 266 den Prüfern die Einsicht der Bücher und Schriften der Gesellschaft und die Untersuchung des Bestandes der Gesellschaftskasse sowie der Bestände an Wertpapieren und Waren zu gestatten.

(2) Die Prüfer können von dem Vorstand alle Aufklärungen und Nachweise verlangen, welche die sorgfältige Erfüllung der ihnen obliegenden Prüfungspflicht erfordert.

(3) Der Bericht über das Ergebnis der Prüfung ist von den Prüfern unverzüglich dem Vorstand und zum Handelsregister der Hauptniederlassung einzureichen und von dem Vorstand bei der Berufung der nächsten Generalversammlung als Gegenstand der Beschlußfassung anzukündigen.

(4) Im Falle des § 266 Abs. 2 beschließt die Generalversammlung, ob die entstandenen Kosten von der Gesellschaft zu tragen sind. Wird der Antrag auf Ernennung von Prüfern durch das Gericht zurückgewiesen oder erweist er sich nach dem Ergebnis der Prüfung als unbegründet, so sind die Aktionäre, denen Vorsatz oder grobe Fahrlässigkeit zur Last fällt, für einen der Gesellschaft durch den Antrag entstehenden Schaden als Gesamtschuldner haftbar.

§ 268

(1) Die Ansprüche der Gesellschaft aus der Gründung gegen die nach den §§ 202 bis 204, 208 verpflichteten Personen oder aus der Geschäftsführung gegen die Mitglieder des Vorstandes und des Aufsichtsrats müssen geltend gemacht werden, wenn es in der Generalversammlung mit einfacher Stimmenmehrheit beschlossen oder von einer Minderheit, deren Anteile zusammen den zehnten Teil des Grundkapitals erreichen, verlangt wird. Sind in einem Prüfungsbericht (§ 193 Abs. 2, § 207 Abs. 2, §§ 262e, 267 Abs. 2 des Handelsgesetzbuchs) Tatsachen festgestellt worden, aus denen sich Ersatzansprüche gegen die nach §§ 202, 204, 208 verpflichteten Personen oder gegen Mitglieder des Vorstandes oder Aufsichtsrats ergeben, so müssen diese Ansprüche geltend

gemacht werden, wenn es in der Generalversammlung mit einfacher Stimmenmehrheit beschlossen oder von einer Minderheit, deren Anteile den zwanzigsten Teil des Grundkapitals erreichen, verlangt wird.

(2) Zur Führung des Rechtsstreits kann die Generalversammlung besondere Vertreter wählen. Ist die Geltendmachung des Anspruchs von der Minderheit verlangt, so können die von dieser bezeichneten Personen durch das Gericht des Sitzes der Gesellschaft als deren Vertreter zur Führung des Rechtsstreits bestellt werden. Im übrigen bewendet es bei den Vorschriften des § 247; diese kommen auch dann zur Anwendung, wenn die Geltendmachung des Anspruchs von der Minderheit verlangt ist.

§ 269

(1) Die Geltendmachung eines Anspruchs auf Verlangen der Minderheit muß innerhalb eines Zeitraums von drei Monaten seit dem Tage der Generalversammlung erfolgen. Der Klage ist das Protokoll der Generalversammlung, soweit es die Geltendmachung des Anspruchs betrifft, in öffentlich beglaubigter Abschrift beizufügen.

(2) Die Minderheit hat eine den zehnten Teil und im Falle des § 268 Abs. 1 Satz 2 eine den zwanzigsten Teil des Grundkapitals der Gesellschaft erreichende Anzahl von Aktien für die Dauer des Rechtsstreits zu hinterlegen; es ist glaubhaft zu machen, daß die die Minderheit bildenden Aktionäre seit mindestens drei Monaten, von der Generalversammlung zurückgerechnet, Inhaber der Aktien sind; zur Glaubhaftmachung genügt eine eidesstattliche Versicherung vor einem Gericht oder einem Notar. Das Prozeßgericht kann die vorzeitige Rücknahme der hinterlegten Aktien gestatten.

(3) Macht der Beklagte glaubhaft, daß ihm auf Grund des Abs. 5 oder von Vorschriften des bürgerlichen Rechtes gegen die die Minderheit bildenden Aktionäre oder einzelne von ihnen ein Ersatzanspruch zusteht oder erwachsen kann, so kann das Gericht anordnen, daß ihm von der Minderheit Sicherheit zu leisten ist. Art und Höhe der Sicherheitsleistung bestimmt das Gericht nach freiem Ermessen. Die Vorschriften der Zivilprozeßordnung über die Festsetzung einer Frist zur Sicherheitsleistung und über die Folgen der Versäumung der Frist finden Anwendung.

(4) Die Minderheit ist der Gesellschaft gegenüber verpflichtet, die der Gesellschaft zur Last fallenden Kosten des Rechtsstreits zu tragen.

(5) Für den Schaden, der dem Beklagten durch eine unbegründete Klage entsteht, haften ihm die Aktionäre, denen Vorsatz oder grobe Fahrlässigkeit zur Last fällt, als Gesamtschuldner.

§ 270

Auf einen Anspruch, dessen Geltendmachung die Minderheit auf Grund der Vorschriften des § 268 Abs. 1 verlangt hat, kann die Gesellschaft nur verzichten, wenn von den die Minderheit bildenden Aktionären so viele zustimmen, daß die Aktien der übrigen nicht mehr den zehnten Teil und im Falle des § 268 Abs. 1 Satz 2 den zwanzigsten Teil des Grundkapitals darstellen; dasselbe gilt für einen Vergleich.

Artikel VIII

(1) Bestimmungen des Gesellschaftsvertrags über die Zusammensetzung und Bestellung des Aufsichtsrats und über die Vergütung der Mitglieder des Aufsichtsrats treten mit Beendigung der ersten Generalversammlung außer Kraft, die über den Abschluß des bei Inkrafttreten dieses Teiles laufenden Geschäftsjahrs abgehalten wird. In dieser Generalversammlung können neue Bestimmungen über die Zusammensetzung und Bestellung des Aufsichtsrats und über die Vergütung der Mitglieder des Aufsichtsrats mit einfacher Stimmenmehrheit beschlossen werden.

(2) Das Amt der gewählten Mitglieder des Aufsichtsrats erlischt mit Beendigung der im Abs. 1 bezeichneten Generalversammlung.

(3) Die Gesamtzahl der Mitglieder des Aufsichtsrats darf nach der Neuwahl nicht mehr als dreißig betragen.

(4) Zum Mitglied des Aufsichtsrats kann nicht gewählt werden, wer bereits in zwanzig Aktiengesellschaften oder Kommanditgesellschaften auf Aktien Mitglied des Aufsichtsrats ist.

Artikel IX

(1) In besonders schweren Fällen des § 312 (Handeln zum Nachteil der Gesellschaft) sowie des § 314 Abs. 1 Nr. 1 (unwahre Darstellung oder Verschleierung) kann auf Zuchthaus bis zu 5 Jahren erkannt werden.

(2) Hinter § 318 des Handelsgesetzbuchs ist als § 318a folgende Vorschrift einzufügen:

§ 318a

Mit Gefängnis oder mit Geldstrafe wird bestraft:

1. wer als Prüfer oder als Gehilfe eines Prüfers über das Ergebnis der Prüfung falsch berichtet oder erhebliche Umstände im Berichte verschweigt;
2. wer entgegen den Vorschriften dieses Abschnitts seine Pflicht zur Verschwiegenheit verletzt oder Geschäfts- und Betriebsgeheimnisse, die er bei Wahrnehmung seiner Obliegenheiten erfahren hat, unbefugt verwertet;
3. wer als Aufsichtsratsvorsitzender einer Prüfungsgesellschaft oder als sein Stellvertreter entgegen der Vorschrift des § 262g Abs. 3 Satz 2 die durch Einsicht eines Berichts erlangten Kenntnisse verwertet, ohne daß es die Erfüllung der Ueberwachungspflicht des Aufsichtsrats fordert.

Artikel X

(1) Die Vorschriften der Artikel I bis IX gelten für die Kommanditgesellschaft auf Aktien entsprechend.

(2) Die den Vorstand der Aktiengesellschaft betreffenden Vorschriften über die Aufstellung, Vorlegung und Veröffentlichung des Jahresabschlusses, über die Vorlegung, den Inhalt und die Prüfung des Geschäftsberichts, über die Geltendmachung von Ersatzansprüchen der Gesellschaft wegen der Geschäftsführung sowie die Strafvorschriften des Artikel IX dieses Teiles gelten für die persönlich haftenden Gesellschafter entsprechend.

Artikel XI

(1) Die im § 226 Abs. 1 Nr. 2 bestimmte Frist von sechs Monaten beginnt frühestens mit dem Inkrafttreten dieses Teiles.

(2) Aktien, die die Gesellschaft bei Inkrafttreten dieses Teiles besitzt, können noch bis zum Ablauf von sechs Monaten nach dem Inkrafttreten dieses Teiles nach Maßgabe des § 227 Abs. 3 Nr. 3 eingezogen werden.

Artikel XII

Im § 63 Abs. 2 des Gesetzes über die Beaufsichtigung der privaten Versicherungsunternehmungen und Bausparkassen vom 6. Juni 1931 (Reichsgesetzbl. I S. 315) wird das Wort zweihundertfünfzigtausend durch das Wort hunderttausend ersetzt.

Artikel XIII

(1) Die Vorschriften dieses Teiles treten am 1. Oktober 1931 in Kraft.

(2) Die Reichsregierung bestimmt den Zeitpunkt, mit dem die Vorschriften des Artikel V in Kraft treten. Sie erläßt die zur Ueberleitung erforderlichen Rechts- und allgemeinen Verwaltungsvorschriften.

(3) Die Reichsregierung bestimmt ferner den Zeitpunkt, mit dem die Vorschriften des Artikel VI und die sich aus Artikel VII dieses Teiles ergebende neue Fassung des § 266 Abs. 1 Satz 1 in Kraft treten. Der Zeitpunkt kann je nach dem Geschäftszweig und der wirtschaftlichen Bedeutung der Gesellschaften verschieden bestimmt werden. Soweit in dem § 266 Abs. 7 auf die §§ 262d und g verwiesen ist, gelten diese bereits als an dem im Abs. 1 bezeichneten Tage in Kraft getreten.

Artikel XIV

(1) Die Reichsregierung wird ermächtigt, die zur Durchführung dieses Teiles erforderlichen Rechtsverordnungen und allgemeinen Verwaltungsvorschriften zu erlassen. Sie kann insbesondere

1. die Befähigung zur Ausübung der Tätigkeit als Gründungs- oder Bilanzprüfer von besonderen Voraussetzungen abhängig machen,
2. allgemeine Anweisungen für die Durchführung der Gründungs- oder Bilanzprüfung aufstellen.

(2) Sie wird ferner ermächtigt,

1. zu bestimmen, daß für das zur Zeit des Inkrafttretens dieser Verordnung laufende Geschäftsjahr die Bilanzprüfer vom Aufsichtsrat gewählt werden,

2. durch allgemeine Anordnung für Aktiengesellschaften und Kommanditgesellschaften auf Aktien geringeren Umfanges oder von besonderer Art Ausnahmen von den Vorschriften zuzulassen, die die Gliederung der Jahresbilanz und der Gewinn- und Verlustrechnung oder die Prüfung des Jahresabschlusses durch Bilanzprüfer betreffen,
3. durch allgemeine Anordnung zu bestimmen, welche Gesellschaften als solche geringeren Umfanges oder von besonderer Art anzusehen sind,
4. bis zum Inkrafttreten der Vorschriften der §§ 262a bis g und der sich aus Artikel VII dieses Teiles ergebenden neuen Fassung des § 266 Abs. 1 Satz 1 einstweilige Vorschriften für die Prüfung des Jahresabschlusses der Gesellschaft unter Einbeziehung der zugrunde liegenden Buchführung und des Geschäftsberichts des Vorstandes zu erlassen.

Verordnung des Reichspräsidenten über Aktienrecht[1]), Bankenaufsicht und über eine Steueramnestie

Vom 19. September 1931.

Auf Grund des Artikel 48 Abs. 2 der Reichsverfassung wird verordnet[2]):

Erster Teil

Vorschriften über Aktiengesellschaften und Kommanditgesellschaften auf Aktien

Artikel I

1. Die §§ 226, 227 des Handelsgesetzbuchs sind in folder Fassung anzuwenden[3]):

§ 226[4])

(1) Die Aktiengesellschaft[5]) darf eigene[6]) Aktien[7]) oder Interimsscheine erwerben[8]), wenn es zur Abwendung eines schweren Schadens von der Gesellschaft notwendig ist[9]); der Gesamtnennbetrag der zu erwerbenden Aktien darf zehn vom Hundert[10]) oder einen etwa von der Reichsregierung festgesetzten niedrigeren Hundertsatz des Grundkapitals[11]) nicht übersteigen. Im übrigen[12]) darf die Aktiengesellschaft eigene Interimsscheine nicht, eigene Aktien nur erwerben, wenn auf sie der Nennbetrag oder, falls der Ausgabebetrag höher ist, dieser voll geleistet ist und wenn

1. die Gesellschaft damit eine Einkaufskommission[13]) ausführt oder
2. der Gesamtnennbetrag der zu erwerbenden Aktien zusammen mit anderen eigenen Aktien, die der Gesellschafts bereits gehören, zehn vom Hundert oder einen

etwa von der Reichsregierung festgesetzten niedrigeren Hundertsatz des Grundkapitals nicht übersteigt und die Aktien zur Einziehung erworben werden[14]); als hierzu erworben gelten die Aktien nur, wenn sie binnen sechs Monaten nach Erwerb eingezogen werden[15]).

(2) Die Wirksamkeit des Erwerbs eigener Aktien wird durch einen Verstoß gegen die Vorschriften des Abs. 1 nicht berührt, es sei denn, daß auf sie der Nennbetrag oder, falls der Ausgabebetrag höher ist, dieser noch nicht voll geleistet ist[16]).

(3) Dem Erwerb[17]) eigener Aktien und eigener Interimsscheine steht es gleich, wenn eigene Aktien oder eigene Interimsscheine zum Pfand genommen werden oder wenn Aktien der Gesellschaft von einem andern für Rechnung der Gesellschaft oder unter Uebernahme einer Kursgarantie durch die Gesellschaft erworben werden[18]).

(4)[19]) Steht eine Handelsgesellschaft oder bergrechtliche Gewerkschaft auf Grund von Beteiligungen oder in sonstiger Weise unmittelbar oder mittelbar unter dem beherrschenden Einfluß einer Aktiengesellschaft oder Kommanditgesellschaft auf Aktien (abhängige Gesellschaft)[20]), so darf sie[21]) Aktien oder Interimsscheine der herrschenden Gesellschaft nur nach Maßgabe der für den Erwerb eigener Aktien vorgesehenen Bestimmungen der Abs. 1 bis 3 erwerben oder als Pfand nehmen[22]). Sie darf ferner Aktien der herrschenden Gesellschaft nicht zeichnen; die Wirksamkeit einer solchen Zeichnung wird durch einen Verstoß gegen diese Vorschrift nicht berührt[23]).

(5) Das Stimmrecht und der Anspruch auf den Reingewinn aus eigenen Aktien, die der Gesellschaft oder einem anderen für ihre Rechnung gehören, ruhen[24]).

1. Die Verordnung umfaßt drei Teile: über Aktienrecht, Bankenaufsicht, Steueramnestie. Ein systematischer Zusammenhang besteht zwischen diesen Teilen nicht. Der Ausgangspunkt und das Ziel sind dieselben: die Gefährdung der Gesamtwirtschaft (des Gemeinwohls) und ihre Beseitigung. Hat man sich einmal mit der herrschenden Meinung abgefunden, daß der Reichspräsident auf Grund des Artikels 48 Abs. 2 RV. Rechtsverordnungen erlassen darf (Anschütz, Die Verfassung des Deutschen Reiches Art. 48 Anm. 12), dann kann an der Gültigkeit dieser Verordnung kein Zweifel sein. Die Frage, ob die öffentliche Sicherheit und

Ordnung erheblich gefährdet sind, unterliegt nicht der Nachprüfung des Gerichts. Daß aber diese Verordnung unter die zur Wiederherstellung der öffentlichen Sicherheit und Ordnung nötigen Maßnahmen fällt, ist nicht zu bestreiten. Die Bedeutung des Aktienmarktes für die Gesamtwirtschaft ist ebenso sichtbar wie seine unbeschreibliche Verwüstung. Die schweren, in Hunderte von Millionen gehenden Zusammenbrüche von Gesellschaften (Favag, Lahusen), die Flucht des Publikums aus diesem Markt, das grenzenlose Mißtrauen des In- und Auslandes zeigen den trostlosen Zustand dieses wichtigsten Bezirks der deutschen Wirtschaft. Schuld an diesem Ruin sind neben der Weltkrise die schweren Sünden der Praxis und einer Wissenschaft, die ihre advokatorischen Künste so ganz in den Dienst der Verwaltungen gestellt hat, daß sie für die Interessen der Allgemeinheit keinen Blick mehr hatte. Verwaltungsegoismus, Konzernbildung, Großaktionärtum, Entrechtung des Kleinaktionärs haben die Form der Aktiengesellschaft mißbraucht. Der Gesetzgeber hat versagt und immer wieder die Reform hinausgeschoben — wobei er in der Wissenschaft, die sich mit dieser Reform beschäftigte, eine Rechtfertigung fand. Die Katastrophe ging über diese schweren Unterlassungen zur Tagesordnung über und erzwang — sie, die Katastrophe — endlich eine Teilreform, die hoffentlich nicht zu spät kommt.

Betont muß werden, daß das Reichsgericht mit Hilfe der §§ 138, 826 BGB. den krassesten Mißbräuchen zu steuern suchte. (Vgl. des Verfassers Kommentar zum HGB. u. UWG. S. 314.) Zu einer wirtschaftlich spürbaren, allgemeinen Besserung konnten diese Urteile des RG. nach Lage der Dinge nicht führen.

Die Verordnung reformiert den Erwerb eigener Aktien durch die Gesellschaft, die Bilanzvorschriften, den Aufsichtsrat und den Kredit an Vorstandsmitglieder, geht auch in diesem Rahmen an die Verschachtelung heran. Art. IX sieht für besonders schwere Fälle Zuchthaus bis zu fünf Jahren vor.

3. Die Verordnung hebt die §§ 226, 227 HGB. nicht auf: sie schreibt ihre Anwendung in der von der VO. bestimmten Fassung vor. In der Wirkung gleicht das der Aufhebung der alten und dem Inkrafttreten der neuen Bestimmungen am 1. Oktober 1931. (Art. XIII Abs. 1.)

4. § 226 HGB. lautet:

„Die Aktiengesellschaft soll eigene Aktien im regelmäßigen Geschäftsbetriebe, sofern nicht eine Kommission zum Einkauf ausgeführt wird, weder erwerben noch zum Pfande nehmen.

Eigene Interimsscheine kann sie im regelmäßigen Geschäftsbetrieb auch in Ausführung einer Einkaufskommission weder erwerben noch zum Pfande nehmen. Das gleiche gilt von eigenen Aktien, auf welche der Nennbetrag oder, falls der Ausgabepreis höher ist, dieser noch nicht voll geleistet ist."

Die Bestimmung kennzeichnet sich deutlich als eine Sollvorschrift; die darin liegende Mahnung ist nicht befolgt worden. Insbesondere ist bekannt, daß die Aktienbanken in den letzten Monaten den Kurs durch Ankauf eigener Aktien gehalten haben. Die neue Vorschrift verbietet grundsätzlich den Erwerb eigener Aktien und Interimsscheine. Sie gestattet ihn ausnahmsweise unter bestimmten Voraussetzungen. Die Umgehung wird durch Abs. 3, 4 verhindert. Schließlich wird der Aktienerwerb dadurch gehemmt, daß das Stimmrecht und der Dividendenbezug ruhen (Abs. 5).

5. Die Aktiengesellschaft darf eigene Aktien oder Interimsscheine nur unter den folgenden Voraussetzungen und Maßnahmen erwerben. Die Mitglieder des Vorstands oder des Aufsichtsrats dürfen persönlich Aktien und Interimsscheine erwerben, dergestalt also, daß sie Inhaber der Aktien oder Interimsscheine auf Grund eines auf eigene Rechnung und im eigenen Namen vorgenommenen Anschaffungsgeschäfts werden. Mit anderen Worten: Mitglieder des Vorstands und Aufsichtsrats stehen Dritten gleich; für sie gilt hinsichtlich dieses Erwerbs kein privilegium odiosum. Lassen sich Mitglieder des Vorstandes — unter den Kautelen des Artikels III Ziff. 2 — Darlehen zum Erwerb von Aktien der Gesellschaft geben, so kann darin sehr wohl ein Erwerb für Rechnung der Gesellschaft erblickt werden; er muß es nicht. Das hängt von den Umständen des Einzelfalles ab. Man wird einen Erwerb auf Rechnung der Gesellschaft annehmen, wenn das Darlehen ein Schein- oder Umgehungsgeschäft ist, oder aber, wenn die Rückzahlung des Darlehens von vornherein in Frage gestellt ist.

6. Eigene Aktien sind die von der Gesellschaft ausgegebenen Aktien, nicht die Aktien, die von fremden Gesellschaften ausgegeben werden. Fremde Gesellschaften sind aber nicht die Muttergesellschaften im Verhältnis zu den Tochtergesellschaften. (Vgl. Abs. 4.)

7. Aktien sind Inhaber- oder Namensaktien. Daß Namensaktien hier einbegriffen sind, ergibt sich einmal aus dem Wortlaut, sodann aber aus der Erfassung der Interimsscheine, die gemäß § 209 Abs. 2 HGB. nicht auf den Inhaber lauten dürfen. Ueber

die Eigenschaft einer echten Inhaberaktie vgl. des Verfassers Komm. z. HGB. § 179 S. 319.

8. Erwerb ist zunächst das Anschaffungsgeschäft im eigenen Namen, auf eigene Rechnung. Sodann aber auch

die Inpfandnahme,
die Anschaffung im fremden Namen, auf eigene Rechnung,
die Uebernahme einer Kursgarantie.

Dagegen ist die Einkaufskommission, also die Anschaffung im eigenen Namen auf fremde Rechnung, gestattet.

9. Die Ausnahme des gestatteten Erwerbs greift unter der Voraussetzung ein, daß dieser Erwerb zur Abwendung eines schweren Schadens von der Gesellschaft notwendig ist. Der schwere Schaden kann in einem Kurssturz bestehen, aber auch darin, daß sich eine besondere Zwecke verfolgende Majorität bildet. Die sogenannte Entfremdungsgefahr — unter dieser falschen Etikette wurden vielfach eigene Aktien zur unzulässigen Machtvergrößerung der Verwaltung erworben — spielt hier keine besondere Rolle: ist man doch bestrebt, ausländisches Kapital wieder für den heimischen Aktienmarkt (durch Lockerung der Währungsvorschriften) zu interessieren.

Durch die Formulierung („notwendig") ist klargestellt, daß dieser Aktienerwerb eine Art ultima ratio sein muß. Dienen andere Mittel der Abwendung des schweren Schadens, dann ist der Aktienerwerb nicht notwendig.

10. Der Erwerb muß sich in bestimmten Grenzen halten: er darf höchstens ein Zehntel des Aktiennominalbetrages sein. Beträgt das Stammkapital 10 Millionen Reichsmark, dann ist der Höchstbetrag 1 Million. Die für den Erwerb aufzuwendende Summe ist nicht begrenzt.

11. Die Reichsregierung hat die Ermächtigung, den Hundertsatz des Grundkapitals niedriger als zehn vom Hundert festzusetzen; höher nicht.

12. „Im übrigen" heißt: „Sonst nicht". Hier kommt das grundsätzliche Verbot zum Ausdruck. („darf . . . nicht.")

Dieses Verbot trifft die Interimsscheine überhaupt.

Gemäß § 226 HGB. kann die Aktiengesellschaft eigene Interimsscheine im regelmäßigen Geschäftsbetrieb auch in Ausführung einer Einkaufskommission weder erwerben noch zum Pfande nehmen. Die neue Vorschrift bestätigt das.

Bei Aktien ist das Verbot gelockert. Auch wenn der Erwerb zur Abwendung eines schweren Schadens der Gesellschaft nicht notwendig ist, darf die Gesellschaft voll bezahlte Aktien erwerben, wenn die Voraussetzung unter Ziff. 1 oder Ziff. 2 zutrifft.

13. Einkaufskommission ist der Kauf im eigenen Namen, auf fremde Rechnung (§ 383 HGB.). Es steht nichts im Wege, daß die Gesellschaft die Aktien anstatt sie zu kaufen und dann zu liefern, selbst (aus eigenen Beständen) liefert (§ 400 HGB.). Denn über die Abgabe eigener Aktien sagt die VO. nichts.

14. Für eigene Rechnung der Gesellschaft können eigene Aktien erworben werden, wenn der Gesamtbetrag der eigenen Aktien zehn vom Hundert des Grundkapitals nicht übersteigt (oder den geringeren festgesetzten Betrag) und der Erwerb zur Einziehung erfolgt. Ueber die Einziehung bestimmt § 227 HGB.:

> „Die Einziehung (Amortisation) von Aktien kann nur erfolgen, wenn sie im Gesellschaftsvertrage angeordnet oder gestattet ist. Die Bestimmung muß in dem ursprünglichen Gesellschaftsvertrag oder durch eine vor der Zeichnung der Aktien bewirkte Aenderung des Gesellschaftsvertrages getroffen sein, es sei denn, daß die Einziehung nichts mittels Auslosung, Kündigung oder in ähnlicher Weise, sondern mittels Ankaufs der Aktien geschehen soll.
>
> Jede Art der Einziehung darf, sofern sie nicht nach den für die Herabsetzung des Grundkapitals maßgebenden Vorschriften stattfindet, nur aus dem nach der jährlichen Bilanz verfügbaren Gewinn erfolgen."

Diese Vorschrift ist durch die VO. umgestaltet worden. Unter Einziehung ist die Vernichtung der Aktienrechte durch Rechtshandlungen der Gesellschaft zu verstehen. (Vgl. RG. JW. 1908 S. 310 zit. bei Staub HGB. § 227 Anm. 1 RGZ. Bd. 120 S. 181.)

15. Bei der Vorschrift über Einziehung innerhalb von sechs Monaten handelt es sich um eine praesumptio juris et de jure. Das heißt also: auch wenn der Erwerb tatsächlich zum Zwecke der Einziehung erfolgt ist, diese aber nicht innerhalb der sechs Monate nach dem Erwerb (also nach Abschluß des Anschaffungsgeschäfts) erfolgt, dann steht unwiderlegbar fest, daß die Anschaffung nicht zur Einziehung erfolgt ist. Irgendein Gegenbeweis ist ausgeschlossen. Auch ist es unerheblich, wenn die Frist aus Irrtum oder sonstigen Gründen nicht eingehalten werden konnte. Eine Wiedereinsetzung in den vorigen Stand sieht die VO. nicht vor.

Die Frist beginnt frühestens mit dem 1. Oktober 1931 (Art. XI Abs. 1).

16. Der Erwerb von I n t e r i m s s c h e i n e n entgegen den Vorschriften des § 226 Abs. 1 ist nichtig (§ 134 BGB.).

Dagegen ist der Erwerb eigener vollbezahlter Aktien unter Verletzung des § 226 Abs. 1 w i r k s a m.

Der Erwerb nicht vollbezahlter Aktien ist unwirksam, d. h. ein derartiges Geschäft ist nichtig. Das ist der Sinn des Abs. 2. Die Nichtigkeit ergibt sich aus § 134 BGB.

Die Folgen eines derartigen Erwerbs bestehen in der Ersatzpflicht des Vorstandes und gegebenenfalls des Aufsichtsrats gemäß § 227a.

17. Unter Erwerb im Sinne der Vorschrift des Art. I Ziff. 1 ist der e n t g e l t l i c h e Erwerb zu verstehen; dagegen nicht der t e s t a m e n t a r i s c h e oder der Erwerb durch S c h e n k u n g.

18. Dem Erwerb stehen gleich, d. h. sie dürfen nur unter den Bedingungen des Abs. 1 (mit der Wirkung nach Abs. 2) vollzogen werden, die Inpfandnahme, die Uebernahme auf Rechnung der Gesellschaft durch einen Dritten, die Uebernahme durch einen Dritten in dessen Namen und auf dessen Rechnung, aber unter Kursgarantie der Gesellschaft.

Aktien (und Interimsscheine) können als Rechte Gegenstand des Pfandrechts sein (§ 1273 BGB.). Bei der Verpfändung einer Aktie wird der Pfandgläubiger nicht Mitglied der Gesellschaft „.. ist demnach nicht befugt, das Stimmrecht auszuüben". (So Lindemann-Soergel § 1273 Anm.) Ungeachtet dessen behandelt die VO. die Verpfändung an die Gesellschaft so wie den Erwerb durch diese. (Vgl. Abs. 5.) Die Verpfändung kann zum Erwerb führen. wenn sich der Pfandgläubiger wegen seiner Forderung aus dem Pfande befriedigen will und n a c h dem Eintritt der Verkaufsberechtigung vereinbart, daß das Eigentum ihm zufällt. (Vgl. § 1229 BGB.) Jedenfalls führt die Verpfändung zu einer Verfügungsberechtigung des Pfandnehmers.

Bisher wurde die Sollvorschrift des § 226 HGB. umgangen, daß eine Aktiengesellschaft auf ihre Rechnung durch einen Dritten eigene Aktien erwerben ließ: hier schiebt die VO. einen Riegel vor. Die Kursgarantie läuft auf dasselbe hinaus wie die Uebernahme durch einen Dritten, aber auf eigene Rechnung der Gesellschaft; da ja der Kurs, wie die Kursentwicklung der letzten Monate zeigt, nach unten nicht begrenzt ist.

19. „Das Gesellschaftsrecht der Handelsgesetzgebung hat durch die Praxis eine vollständige Umwandlung insofern erfahren, als die Gesellschaftsformen des Gesetzes in den Dienst ganz anderer

Aufgaben als der vom Gesetzgeber gedachten gestellt werden. Durch die moderne Konzernbildung werden auf Umwegen vom Gesetz nicht anerkannte Ziele erreicht; insbesondere wird das demokratische Bild der Aktiengesellschaft durch die Figur des Großaktionärs vollständig verändert." (Goldbaum „Handelsgesetzbuch und Gesetz gegen den unlauteren Wettbewerb" Kommentar, Vorbemerkung zum zweiten Buch S. 251.)

Das HGB. kennt den Konzern nicht; kennt keine beherrschende und keine abhängige Gesellschaft. Durch die VO. wird das Konzern- und Kartellwesen in den Rahmen des HGB. gefügt und damit anerkannt. Das Konzernwesen war bisher im wesentlichen eine Gestaltung der Wissenschaft. Folgende Schriften seien genannt: Rudolf Isay „Recht am Unternehmen", Berlin 1910; Friedländer „Die Interessengemeinschaft als Rechtsform der Konzernbildung", Berlin 1921; Haußmann „Die Tochtergesellschaft", Berlin 1923; „Grundlegung des Rechts der Unternehmenszusammenfassungen", Mannheim 1926; Bauer „Die rechtliche Struktur der Truste", Mannheim 1927; Friedländer „Konzernrecht", Mannheim 1927; Statistisches Reichsamt „Konzerne, Interessengemeinschaften und ähnliche Zusammenschlüsse im Deutschen Reich", Berlin; s. a. des Verfassers „Kartellrecht und Kartellgericht" 2. Aufl., Berlin 1926.

Die VO. gibt eine Reihe von Vorschriften, die den Konzern aus einer praktischen und wissenschaftlichen Figur zu einer gesetzlichen machen.

Zusammengestellt sieht dieses gesetzliche Konzernrecht wie folgt aus:

„Steht eine Handelsgesellschaft oder bergrechtliche Gewerkschaft auf Grund von Beteiligungen oder in sonstiger Weise unmittelbar oder mittelbar unter dem beherrschenden Einfluß einer Aktiengesellschaft oder Kommanditgesellschaft auf Aktien (abhängige Gesellschaft), so darf sie Aktien oder Interimsscheine der herrschenden Gesellschaft nur nach Maßgabe der für den Erwerb eigener Aktien vorgesehenen Bestimmungen der Abs. 1 bis 3 erwerben oder als Pfand nehmen. Sie darf ferner Aktien der herrschenden Gesellschaft nicht zeichnen; die Wirksamkeit einer solchen Zeichnung wird durch einen Verstoß gegen diese Vorschrift nicht berührt."

„Die Mitglieder des Vorstandes sind zum Ersatze verpflichtet, wenn entgegen den Vorschriften der §§ 226, 227 eigene Aktien der Interimsscheine der Gesellschaft oder einer anderen

Gesellschaft erworben, als Pfand genommen oder eingezogen werden."

„Auf Verlangen des Aufsichtsrats ist auch über die Beziehungen zu einer abhängigen Gesellschaft oder einer Konzerngesellschaft zu berichten. Das Recht auf Berichterstattung steht auch dem einzelnen Mitglied des Aufsichtsrats mit der Maßgabe zu, daß die Berichterstattung nur an den Aufsichtsrat als solchen und, wenn der Vorstand die Berichterstattung ablehnt, nur dann verlangt werden kann, wenn das Verlangen mindestens von einem anderen Mitglied und bei einem Aufsichtsrat von zwanzig und mehr Mitgliedern mindestens von zwei anderen Mitgliedern des Aufsichtsrats unterstützt wird."

„In dem Geschäftsbericht ist auch über die Beziehungen zu einer abhängigen Gesellschaft und einer Konzerngesellschaft zu berichten."

„In dem Geschäftsbericht sind ferner Angaben zu machen über

den Bestand an eigenen Aktien der Gesellschaft, die ihr oder einem anderen für ihre Rechnung gehören; sind solche Aktien im Laufe des Geschäftsjahres erworben oder veräußert worden, so ist auch über den Erwerbs- oder Veräußerungspreis und die Verwendung des Erlöses zu berichten;

gebundene Aktien; eine Aktie gilt als gebundene Aktie, wenn der Aktionär durch ausdrückliche oder stillschweigende Vereinbarung zugunsten der Gesellschaft, einer abhängigen Gesellschaft oder einer Konzerngesellschaft in der Ausübung der Aktienrechte oder in der Veräußerung oder sonstigen Verfügung über die Aktie gebunden ist;

die Zugehörigkeit der Gesellschaft zu preis- und absatzregelnden Verbänden, Konventionen und ähnlichen Verbindungen."

„Die Berichterstattung hat den Grundsätzen einer gewissenhaften und getreuen Rechenschaftslegung zu entsprechen. Sie kann nur insoweit unterbleiben, als das überwiegende Interesse einer der beteiligten Gesellschaften oder die Allgemeinheit es erfordert."

„Wertpapiere, die dauernd zum Geschäftsbetriebe der Gesellschaft bestimmt sind, dürfen ohne Rücksicht auf einen geringeren Wert zu den Anschaffungskosten angesetzt werden, soweit nicht die Grundsätze ordnungsmäßiger Buchführung Abschreibungen auf die Anschaffungskosten erforderlich machen."

„Für den Geschäfts- oder Firmenwert darf ein Posten unter die Aktiven nicht eingesetzt werden. Uebersteigt jedoch die für die Uebernahme eines Unternehmens bewirkte Gegenleistung die Werte der einzelnen Vermögensgegenstände des Unternehmens im Zeitpunkt der Uebernahme, so darf der Unterschied gesondert unter die Aktiven aufgenommen werden. Der eingesetzte Aktivposten ist durch angemessene jährliche Abschreibungen zu tilgen."

„In der Jahresbilanz sind . . . auszuweisen:

Auf der Seite der Aktiven:

Konzessionen, Patente, Lizenzen, Marken- und ähnliche Rechte.

Beteiligungen einschließlich der zur Beteiligung bestimmten Wertpapiere. Aktien einer Gesellschaft, deren Nennbeträge insgesamt den vierten Teil des Grundkapitals dieser Gesellschaft erreichen, sowie Kuxe einer bergrechtlichen Gewerkschaft, deren Zahl insgesamt den vierten Teil des Grundkapitals dieser Gesellschaft erreichen, sowie Kuxe einer bergrechtlichen Gewerkschaft, deren Zahl insgesamt den vierten Teil der Kuxe dieser Gewerkschaft erreicht, gelten im Zweifel als zur Beteiligung bestimmt.

Forderungen an abhängige Gesellschaften und Konzerngesellschaften.

Forderungen an Mitglieder des Vorstandes oder an gesetzliche Vertreter eines von der Gesellschaft abhängigen Unternehmens oder eines Unternehmers, von dem die Gesellschaft, der die Forderung zusteht, abhängt, sowie an den Ehegatten oder an ein minderjähriges Kind dieser Personen sowie an einen Dritten, der für Rechnung einer dieser Personen handelt.

Auf der Seite der Passiven:

Grundkapital; die Gesamtnennbeträge der Vorzugsaktien jeder Gattung sind gesondert anzugeben; sind Aktien ausgegeben, denen ein höheres Stimmrecht beigelegt ist als den Aktien einer anderen Gattung oder die durch eine ihren Nennbeträgen nicht entsprechende Abstufung des Stimmrechts vor den Aktien einer anderen Gattung bevorzugt sind (Stimmrechtsaktien), so ist außerdem die Gesamtstimmzahl der Stimmrechtsaktien und der im Stimmrecht nicht bevorzugten Aktien zu vermerken.

Verbindlichkeiten gegenüber abhängigen Gesellschaften und Konzerngesellschaften."

„Verbindlichkeiten aus Bürgschaften, Wechsel- und Scheckbürgschaften sowie aus Garantieverträgen sind, auch soweit ihnen gleichwertige Rückgriffsforderungen gegenüberstehen, in voller Höhe in der Bilanz zu vermerken."

„In der Gewinn- und Verlustrechnung sind gesondert auszuweisen:

Erträge aus Beteiligungen".

„Die Reichsregierung wird ermächtigt,
für Konzerngesellschaften Vorschriften über die Aufstellung des eigenen und über die Aufstellung eines gemeinschaftlichen Jahresabschlusses zu erlassen."

Die VO. verwendet die Ausdrücke „Konzerngesellschaft", „beherrschende Gesellschaft", „abhängige Gesellschaft". Diese Anführung verpflichtet die wissenschaftliche Forschung zur Begriffsbestimmung. Die VO. nennt Arten und Mittel der konzernmäßigen Verflechtung: Beteiligungen, Verpflichtungen, Patente, Lizenzen usw. — vgl. Hermann Isay: „Die Patentgemeinschaft im Dienst des Kartellgedankens", Mannheim 1923 —, Vorzugs- und Stimmrechtsaktien, gebundene Aktien, Wertpapiere, die dauernd zum Geschäftsbetriebe der Gesellschaft bestimmt sind, Zugehörigkeit der Gesellschaft zu preis- und absatzregelnden Verbänden, Konventionen und ähnlichen Verbindungen (vgl. §§ 1, 10 der VO. gegen Mißbrauch wirtschaftlicher Machtstellungen, KVO.) deutet auch auf die Personalunion. Die VO. beschränkt sich im wesentlichen darauf, der Zersetzung der Handelsgesellschaften durch die konzernmäßige Verflechtung, Verschachtelung, Verschleierung mit dem Mittel der Publizität zu begegnen: die Bilanz der AG. und Kommanditgesellschaft auf Aktien muß den Konzerncharakter offenbaren. Aehnlich versuchte man ja auch in die Kartelle durch den Schriftzwang zu leuchten. (§§ 1, 4 KVO.) Vor dem entscheidenden Schritt in dieser Richtung schreckt die VO. zurück; immerhin ermächtigt sie die Reichsregierung, diesen Schritt zu tun und die gemeinschaftliche Bilanz der Gesellschaften, die Konzernbilanz, als gesetzliches Erfordernis aufzustellen (vgl. hierzu des Verf. HGB. § 47 Anm. S. 116).

Hoffentlich macht die Reichsregierung von dieser Ermächtigung bald Gebrauch und schreibt die Konzernbilanz vor. Denn ob die bisherigen Vorschriften genügen, um das Ziel zu erreichen, ist zweifelhaft. Mit welchem Mißtrauen die VO. die Konzernbildungen betrachtet, zeigt die Anführung des minderjährigen Kindes. Auf der anderen Seite erfährt der Anspruch der Allgemeinheit eine merkwürdige Behandlung. Die VO. erwähnt die Allgemeinheit; aber nicht etwa in dem Sinne, daß die Allgemeinheit in ihrem Anspruch auf vollständige Klarlegung zu befriedigen sei. Im Gegenteil wird in höchst merkwürdiger Weise bestimmt, daß die Berichterstattung insoweit unterbleiben kann, als das überwiegende Interesse der Allgemeinheit es erfordert.

Von besonderer Bedeutung ist die Vorschrift, daß die Bilanz Angaben enthalten muß über die Zugehörigkeit der Gesellschaft zu preis- und absatzregelnden Verbänden, Konventionen und ähnlichen Verbindungen, also zu Kartellen, Syndikaten und Reverssystemen (Markenschutzverband, Reverssystem der Zigarettenindustrie, Buchhändlerbörsenverein) [vgl. hierzu Delbanco „Kartell- und Konzernrecht", Bonn 1924].

Durch diese Pflicht zur Offenbarung der Kartell- und Reversbindungen wird deren Feststellung nunmehr gesichert, um so mehr, als unwahre Darstellung und Verschleierung in besonders schweren Fällen mit Zuchthaus bis zu fünf Jahren bestraft werden (Art. IX). Mit welchen Schwierigkeiten diese Feststellung bisher verbunden sein konnte, zeigt das Reverssystem mit Organgesellschaft der 37 Zigarettenfabriken unter Führung von Reemtsma und Neuerburg. Die Verbundenheit der „einzelnen" Reverssysteme zu einem konzernmäßigen Reverssystem haben erst die Urteile des Oberlandesgerichts Celle und des 9. Zivilsenats des Kammergerichts erkannt (s. „Gewerblicher Rechtsschutz und Urheberrecht" 1931 S. 792). Wie es trotzdem diesem stärksten konzernmäßigen Reverssystem Deutschlands gelungen ist, den Konzerncharakter nicht preiszugeben, zeigt das Urteil des 31. Zivilsenats des Kammergerichts („Gewerblicher Rechtsschutz und Urheberrecht" 1931 S. 880), das über seiner eigenen Dialektik die Not der Zeit vollständig beiseite schiebt, einem Kaufmann das vorwirft, was zwei Senate von Oberlandesgerichten billigen, und ohne Grund und ohne rechte Besinnung eine Konzernmacht mit diktatorischen Preisbefugnissen gegen die Allgemeinheit ausstattet.

Allerdings muß speziell darauf hingewiesen werden, daß die vorliegende VO. sich nur mit den Konzernen beschäftigt, in denen eine Aktiengesellschaft figuriert. Eine Anwendung der Vorschriften der VO. auf die GmbH.-Bilanz ist nicht vorgeschrieben! (s. § 42 d. GmbHGes.).

Die Praxis des RG. ist übrigens schon vor Jahren zu den Ergebnissen gelangt, die sich aus der Anwendung des Abs. 4 ergeben.

In der Klage eines Aktionärs gegen die Aktiengesellschaft Kaliwerke Neu-St. Friedrichsh. hat der II. Zivilsenat am 18. Januar 1924 folgendes ausgesprochen:

„Von grundlegender Bedeutung ist der Umstand, daß die Kuxe der Gewerkschaften Neu-St. und Neu-St. II sich fast vollständig im Besitze der Beklagten befinden. Das hat zunächst zur Folge, daß zwar nicht unmittelbar, aber doch der Sache nach ein mit der Vorschrift des § 226 Abs. 2 Satz 2 HGB. in Widerspruch stehender Erwerb eigener nicht voll bezahlter Aktien vorliegt. Denn wenn auch die beiden Gewerkschaften äußerlich selbständige Rechtspersönlichkeiten sind, so ist ihr Vermögen doch in Wahrheit Vermögen der Beklagten, so daß Zahlungen auf die — zur Verfügung der Beklagten stehenden — Aktien in Wahrheit aus Mitteln der Beklagten geleistet werden. Weiter ergibt sich aus dem Verhältnis der Beklagten zu den beiden Gewerkschaften, daß eine Erhöhung des Grundkapitals überhaupt nur dem Namen nach stattgefunden hat. Zur Kapitalerhöhung gehört, daß durch die Ausgabe der Aktien neue Aktiven der Gesellschaft zugeführt werden. Daran fehlt es hier, weil das Vermögen der Uebernehmer der Aktien wirtschaftlich mit dem der Beklagten zusammenfällt . . . Diese Bedenken können auch nicht dadurch beseitigt werden, daß die Maßnahme dazu dienen sollte, bereite Mittel für eine künftige Erweiterung ihres Konzerns zu gewinnen." (RGZ. Bd. 108 S. 43.)

Sichtlich sind die neuen Bestimmungen auf dieses ausgezeichnete Urteil des II. Zivilsenats zurückzuführen.

20. Die beherrschende Gesellschaft kann (nach der VO.) nur eine Aktiengesellschaft oder Kommanditgesellschaft auf Aktien sein.

Die abhängige kann eine Handelsgesellschaft — also eine offene Handelsgesellschaft, eine Kommanditgesellschaft, eine Aktiengesellschaft, eine Kommanditgesellschaft auf Aktien, eine Gesellschaft mit beschränkter Haftung, eine bergrechtliche Gewerkschaft — sein.

Die Herrschaft besteht darin, daß die abhängige Gesellschaft so handeln muß, wie es die herrschende Gesellschaft verlangt; sei es, daß sie vertraglich hierzu verpflichtet ist, sei es, daß sie infolge der personellen Organisation automatisch funktioniert, sei es, daß sie zwar gegen die Anweisung handeln kann, aber die Existenz wagt, wenn sie „ungehorsam" handelt.

Die VO. trägt den verschiedenen Möglichkeiten und Variationen dieses Verhältnisses Rechnung und sieht als Machtquelle nicht nur die Beteiligung an, sondern alle Formen der Teilnahme an dem Schicksal der abhängigen Gesellschaft.

Beteiligung ist der Besitz von Gesellschaftsrechten, also von Aktien und Anteilen.

Zu den anderen Formen der Teilnahme zählen das Darlehen, die Verpachtung, die Identität der Mitglieder der Verwaltung in beiden Gesellschaften, die Bestellung des Vorstandes der abhängigen Gesellschaft durch die herrschende Gesellschaft usw. Zum äußeren Ausdruck kommt das Konzernverhältnis entweder in den Statuten oder in Verträgen oder in beiden zusammen. Auch kann sich das Herrschaftsverhältnis durch die Kumulierung von Personalunionen, Vollmachten, Beteiligungen, vertraglichen Bindungen (auf Leistung oder Unterlassung) bilden, dergestalt, daß zwar eines dieser Elemente kein Herrschaftsverhältnis bedeutet, wohl aber alle oder einige in ihrem Zusammenwirken.

21. Es ist auffallend, daß die VO. den umgekehrten Fall nicht regelt: den Fall der von einer offenen Handelsgesellschaft oder einer GmbH. abhängigen Aktiengesellschaft. Die VO. will offenbar an diesem Verhältnis, das im Gegensatz zum Sinn des HGB. die Selbständigkeit der Aktiengesellschaft im Innern zerstört, während die äußere Fassade die Souveränität vorspiegelt, nicht rütteln. Dieses für den Kleinaktionär nicht erkennbare sklavische Verhältnis verändert vollständig den Charakter seiner Beteiligung. Unter Umständen kann er den Aktienkauf wegen Irrtums aus § 119 BGB. anfechten.

22. Die abhängige Gesellschaft darf auch nicht einen andern für ihre Rechnung derartige Aktien kaufen lassen oder die Kursgarantie übernehmen: die Bestimmungen des Abs. 1 bis 3 finden Anwendung.

23. Die verbotene Zeichnung verpflichtet den Vorstand und Aufsichtsrat zum Ersatz (Art. II 2). Ueber die bisherige Praxis: RGZ. Bd. 108 S. 41 ff.

24. Das Ruhen des Stimmrechts und des Dividendenbezugs tritt bei allen eigenen Aktien ein, die sich im Eigentum der Gesellschaft oder eines dritten auf Rechnung der Gesellschaft (Treuhänders) befinden; nicht etwa nur bei solchen, die gesetzwidrig erworben worden sind. Bei Inpfandnahme behält der Verpfänder das Stimmrecht. Ob er es gegen den Willen des Pfandnehmers ausüben kann, ist eine andere Frage.

Veräußert die Gesellschaft die eigenen Aktien, dann kann der Erwerber Stimmrecht und Bezugsrecht auf Dividenden ausüben.

§ 227

(1)[1])[2]) Aktien können zwangsweise oder nach Erwerb durch die Gesellschaft eingezogen werden[3]). Die Zwangseinziehung ist nur zulässig, wenn sie in dem ursprünglichen Gesellschaftsvertrag oder durch eine vor der Uebernahme oder Zeichnung der Aktien bewirkte Aenderung des Gesellschaftsvertrags angeordnet oder gestattet war[4]).

(2) Bei der Einziehung sind die Vorschriften über die Herabsetzung des Grundkapitals zu befolgen[5]). Dies gilt nicht, wenn

1. die Aktien der Gesellschaft unentgeltlich zur Verfügung gestellt oder
2. zu Lasten des nach der jährlichen Bilanz verfügbaren Gewinns oder eines Reservefonds eingezogen werden oder
3. die Gesellschaft die einzuziehenden Aktien innerhalb der letzten sechs Monate vor der Einziehung erworben hat und der Gesamtnennbetrag zehn vom Hundert oder den von der Reichsregierung gemäß § 226 Abs. 1 Nr. 2 festgesetzten niedrigeren Hundertsatz des Grundkapitals nicht übersteigt.

(3) In den Fällen des Abs. 2 Nr. 1 bis 3 erfolgt die Einziehung auf Grund eines Beschlusses der Generalversammlung, soweit es sich nicht um eine durch den Gesellschaftsvertrag angeordnete Zwangseinziehung handelt[6]). Der Beschluß bedarf der einfachen Stimmenmehrheit, der Gesellschaftsvertrag kann für die Beschlußfassung noch andere Erfordernisse aufstellen[7]). Der Beschluß kann nur gefaßt werden, wenn der Gegenstand gemäß § 256 Abs. 2 ausdrücklich angekündigt worden ist[8]). Durch die Einziehung ermäßigt sich das Grundkapital um den Gesamtnennbetrag der eingezogenen Aktien[9]). Der Vorstand hat den Beschluß sowie die erfolgte Ermäßigung zur Eintragung in das Handelsregister anzumelden[10]).

(4) Im Falle des Abs. 2 Nr. 3 ist den Gläubigern, deren Forderungen vor der Bekanntmachung der Eintragung des Beschlusses in das Handelsregister begründet sind, wenn sie sich innerhalb von drei Monaten nach der Bekanntmachung der Eintragung zu diesem Zwecke melden, Sicherheit zu leisten, soweit sie nicht Befriedigung verlangen können[11]).

(5) Unter die Passiven der Jahresbilanz ist als Reservefonds einzustellen

1. in den Fällen des Abs. 2 Nr. 1 und 2 ein dem Nennbetrage der eingezogenen Aktien gleichkommender Betrag,

2. im Falle des Abs. 2 Nr. 3 der Betrag eines aus der Einziehung erzielten buchmäßigen Gewinns.

Der Reservefonds kann ganz oder teilweise nur unter Einhaltung der Vorschrift des § 289 aufgelöst werden[12]).

1. Den alten Wortlaut s. in Anm. 14 zu § 226.

2. Die Vorschrift ist eine Schutzbestimmung zugunsten der Gläubiger der AG. im Sinne des § 823 II BGB.

3. Beide Arten kennt die alte Fassung des § 217.

4. Der Absatz 1 entspricht dem § 227 Abs. 1 alter Fassung; neu sind nur die Worte „vor der Uebernahme".

5. Vgl. §§ 288—291 HGB.

6. Der Vorstand „zieht ein" — auf Grund eines Generalversammlungsbeschlusses — bei erworbenen Aktien — oder auf Grund des Gesellschaftsvertrages bei Zwangseinziehung durch Auslosung oder Kündigung, wenn die Voraussetzungen des Abs. 2 Ziff. 1, 2, 3 erfüllt sind; liegen diese nicht vor, dann ist außer der statutarischen Bestimmung der Beschluß der Generalversammlung gemäß § 288 erforderlich: drei Viertel des bei der Beschlußfassung vertretenen Grundkapitals.

7. Der Satz bezieht sich nur auf die Fälle des Abs. 2 Nr. 1 bis 3, nicht auf die Fälle des Abs. 1, Abs. 2 S. 1.

8. Die Dreiviertel-Majorität des § 288 HGB. wird durch diesen Satz also nicht aufgehoben. Infolgedessen ist § 256 Abs. 2 HGB. verschieden anzuwenden: in den Fällen des Abs. 2 genügt einfache Stimmenmehrheit, so daß eine Ankündigungsfrist von einer Woche vor dem Tage der Generalversammlung genügt. In den andern Fällen ist eine Frist von zwei Wochen vor dem Tage der Generalversammlung erforderlich. (§ 256 Abs. 2 Halbs. 2.) Ueber „ausdrückliche Ankündigung" vgl. des Verfassers Komm. zum HGB. § 256 Anm. S. 394.

9. Der Satz löst eine Streitfrage über die Kapitalabschreibung bei Amortisation aus Gewinn. (Vgl. Staub HGB. § 227 Anm. 7.)

10. Der Beschluß ist eine Statutenänderung. (Staub HGB. § 289 Anm. 1.) Ist ein Beschluß nicht erforderlich, weil es sich

um eine statutarische Zwangseinziehung gemäß Abs. 2 Nr. 1, 2, 3 handelt, dann ist nur die Einziehung und die durch sie erfolgte Ermäßigung des Grundkapitals anzumelden. Mit der Eintragung ist das Grundkapital ermäßigt. (Vgl. Abs. 4.)

11. „zu diesem Zwecke" heißt: um Sicherheit zu erhalten. Ueber die Sicherheitsleistung vgl. §§ 232 ff. BGB.

12. Vgl. RGZ. Bd. 101 S. 203 zit. in des Verfassers Komm. zum HGB. § 289 S. 425.

2. Hinter § 227 des Handelsgesetzbuchs ist als § 227a folgende Vorschrift einzufügen:

§ 227a

(1) Die Mitglieder des Vorstandes sind zum Ersatze verpflichtet, wenn entgegen den Vorschriften der §§ 226, 227 eigene Aktien oder Interimsscheine der Gesellschaft oder einer anderen Gesellschaft erworben, als Pfand genommen oder eingezogen werden.

(2) Die Mitglieder des Aufsichtsrats sind zum Ersatze verpflichtet, wenn mit ihrem Wissen und ohne ihr Einschreiten eine der im Abs. 1 bezeichneten Handlungen vorgenommen wird.

(3) Auf die Geltendmachung des Ersatzanspruchs gegen die Mitglieder des Vorstandes und Aufsichtsrats finden die Vorschriften des § 241 Abs. 4, 5 entsprechende Anwendung.

1. Erwerb, Inpfandnahme sind Rechtsgeschäfte, die der Vorstand als Organ der AG. abschließt. Die Einziehung ist ein Akt der Verwaltung. Die Vorschrift sieht von Vorsatz und Fahrlässigkeit ganz ab; stellt die Ersatzpflicht rein auf die Vornahme der Handlung ab: also auf die objektiven Merkmale.

Der Vorstand darf also einen rechtswidrigen Generalversammlungsbeschluß dieser Art nicht ausführen. Tut er es, dann kann er die Gesellschaft keinesfalls wegen der Ersatzleistung in Anspruch nehmen.

2. Die Haftung des Aufsichtsrats ist an dessen Wissen und das Unterlassen des Einschreitens geknüpft. Beides muß eintreten: das Mitglied des Aufsichtsrats muß wissen, was vorliegt. Weiß es die Dinge nicht, weil es pflichtwidrig unterläßt, sich zu unterrichten, so kann es auf Grund des § 227a nicht in Anspruch genommen werden; wohl aber auf Grund des § 249 HGB.

3. Wem ist das Mitglied zum Ersatz verpflichtet? Der Gesellschaft und den Gläubigern der Gesellschaft. Das ergibt die entsprechende Anwendung des § 241 Abs. 4. Verjährung: fünf Jahre. (§ 241 Abs. 5 HGB.)

Artikel II

Hinter § 230 des Handelsgesetzbuchs ist als § 230a folgende Vorschrift einzufügen:

Soweit im Handelsgesetzbuch die Ausübung von Rechten der Aktionäre davon abhängig ist, daß die Aktionäre während eines bestimmten Zeitraums Inhaber der Aktien gewesen sind[1]), steht dem Eigentum an Aktien ein Anspruch auf Uebereignung von Aktien gegen eine Bank gleich. Die Eigentumszeit eines Rechtsvorgängers wird dem Aktionär zugerechnet, wenn er die Aktien unentgeltlich, als Gesamtrechtsnachfolger, im Wege der Auseinandersetzung einer Gemeinschaft oder von seinem Treuhänder erworben hat.

1. Vgl. §§ 262 b, 269 II HGB.

Artikel III[1])

1. Hinter § 239 des Handelsgesetzbuchs ist als § 239a folgende Vorschrift einzufügen:

§ 239a

Der Vorstand hat dem Aufsichtsrat[2]) in regelmäßigen, mindestens vierteljährlichen Zwischenräumen sowie bei wichtigem Anlaß[3]) über den Gang der Geschäfte und die Lage des Unternehmens[4]) mündlich oder schriftlich zu berichten[5]). Ist der Bericht schriftlich erstattet, so ist jedes Mitglied des Aufsichtsrats berechtigt, ihn einzusehen[6])[7]).

1. Die Vorschriften dieses Artikels richten sich gegen den Vorstand. Sie legen ihm eine regelmäßige Berichterstattung auf und kontrollieren seine Kreditgeschäfte. Dagegen ist sicherlich vom rechtspolitischen Standpunkt nicht das geringste einzuwenden. Allein: es hätte andererseits viel nähergelegen, die Stellung des Vorstandes gegen den Aufsichtsrat zu stärken — im Interesse der Allgemeinheit der Aktionäre. Es hat sich doch bereits herumgesprochen, daß in zahlreichen Aktiengesellschaften der Vorstand durchaus subaltern ist und daß die Macht der Geschäftsführung in den Händen des Aufsichtsratsvorsitzenden oder eines in den Vorstand dele-

gierten Aufsichtsratsmitglieds ist. Der korrupte Zustand vieler Gesellschaften beruht darauf: nicht im eigenen Interesse, sondern im „fremden“ Interesse wird die Gesellschaft geleitet, wobei unter eigenes Interesse das aller Aktionäre zu verstehen ist; also einschließlich der Minderheit. Der Aufsichtsrat, der sich im Jahr einmal um die Gesellschaft kümmert, ist sicherlich eine schwere Gefahr (Favag, Lahusen usw. usw.). Der Aufsichtsrat, der sich zuviel kümmert, der also die Gesellschaft als sein privates Unternehmen durch den subalternen Vorstand leitet, ist vielleicht eine noch größere Gefahr.

Immerhin dient § 239a dem von der VO. verfolgten Zweck in gewisser Weise: sie zwingt den Aufsichtsrat, die Berichte entgegenzunehmen. Seine Haftung ist praktisch dadurch verschärft, da er sich mit Nichtwissen nicht entschuldigen kann.

2. Dem Aufsichtsrat hat der Vorstand Bericht zu erstatten: also dem „Kollektiv“, nicht dem einzelnen Mitglied. Die Berichterstattung an den „Aufsichtsrat“ ist nicht identisch mit der an den Vorsitzenden des Aufsichtsrats. Der gesamte Aufsichtsrat ist zu unterrichten. Zum Zweck der Entgegennahme des Berichts ist eine Sitzung einzuberufen und in dieser ist Bericht mündlich oder schriftlich zu erstatten. Die Mitglieder des Aufsichtsrats, die ohne triftigen Grund zu diesen Sitzungen nicht erscheinen, handeln pflichtwidrig (§§ 246, 249 HGB.). Der Vorstand kann sich nicht damit begnügen, dem Vorsitzenden des Aufsichtsrats zu berichten und es ihm zu überlassen, den Bericht weiterzugeben. § 239a legt dem Vorstand eine Verpflichtung auf, die er persönlich zu erfüllen hat; die Erfüllung kann er nicht einer anderen Person (also auch nicht dem Vorsitzenden des Aufsichtsrats) überlassen.

3. Der wichtige Anlaß kann in inneren Ereignissen der Gesellschaft, aber auch in äußeren liegen, die auf das Schicksal der Gesellschaft Wirkung haben können. Auch die Größe eines geplanten Geschäfts kann Anlaß zum Bericht sein. Wenn z. B. eine Aktienbank mit 100 Millionen Stammkapital einem Unternehmen einen Kredit von 30 Millionen gibt (von fast einem Drittel des Grundkapitals), dann ist das ein wichtiger Anlaß zum Bericht.

4. Ueber den „Gang der Geschäfte“ und die Lage des Unternehmens ist zu berichten: das bedeutet einen umfassenden Bericht, der einer Vierteljahresbilanz gleichkommt. Zum Unternehmen und den Geschäften gehören die Konzernbindungen aller Art: der Bericht muß also auch Stellung nehmen zu dem Gang der Geschäfte und der Lage des beherrschenden oder abhängigen Unternehmens. Der Vorstand einer Konzern-

gesellschaft muß sich darüber klar sein, daß ein Bericht über die von ihm geleitete Gesellschaft allein die Lage des Unternehmens nicht klärt. Bekanntlich kracht der ganze Konzern zusammen, wenn eine Säule ins Wanken gerät: die faulen Unternehmungen reißen die andern mit. Dem muß Rechnung getragen werden: eine formale Berichterstattung entspricht in keiner Weise dem Wortlaut, Sinn und Zweck des § 239a.

5. Der Bericht ist mündlich oder schriftlich zu erstatten: der Vorstand hat also die Wahl. Immerhin wird er bei dieser Wahl pflichtgemäß handeln müssen. Umfangreiche Berichte, deren Kenntnisnahme durch Mündlichkeit ordentlich nicht erfolgen kann, entsprechen nicht der Sorgfaltspflicht, die dem Vorstand obliegt (§ 241 HGB.).

6. Mit welcher Aeng'tlichkeit die VO. gemacht ist, zeigt Satz 2: „ist der Bericht schriftlich erstattet, so ist jedes Mitglied des Aufsichtsrats berechtigt, ihn einzusehen". Vernünftigerweise sollte hier stehen, daß jedem Mitglied eine Abschrift zu übermitteln ist. Selbstverständlich kann sich das Aufsichtsratsmitglied eine Abschrift fertigen.

7. § 240 HGB. ist selbstverständlich voll in Geltung geblieben. Durch VO. vom 1. August 1931 ist die Frist zur Stellung des Antrags auf Konkurs oder gerichtlichen Vergleich auf drei Wochen (bisher zwei) festgesetzt worden. (RGBl. I S. 419.)

8. Die Ueberwachungspflicht des Aufsichtsrats ist geblieben. (§ 246.) Ergänzung Art. IV Ziff. 2.

2. Hinter § 240 des Handelsgesetzbuchs ist als § 240a folgende Vorschrift einzufügen:

§ 240a[1])

(1) Mitgliedern des Vorstandes[2]) darf Kredit[3]) nur mit ausdrücklicher Zustimmung des Aufsichtsrats[4]) gewährt werden. Das[5]) gleiche gilt für Kredite an gesetzliche Vertreter eines von der Gesellschaft abhängigen Unternehmens oder eines Unternehmens, von dem die kreditgewährende Gesellschaft abhängt[6]). Die Zustimmung kann für gewisse Kreditgeschäfte oder Arten von Kreditgeschäften im voraus, jedoch nicht für länger als drei Monate erteilt werden[7]).

(2) Wird Kredit in Form eines Darlehens[8]) gewährt, so hat der Beschluß des Aufsichtsrats, durch den die Zustimmung erteilt wird, Bestimmungen über die Verzinsung

und Rückzahlung des Darlehens zu enthalten[9]). Der Darlehnsgewährung steht die Gestattung aller Entnahmen gleich, die über die einem Mitgliede des Vorstandes oder einem anderen gesetzlichen Vertreter zustehenden Vergütungen hinausgehen[10]), insbesondere auch von Vorschüssen auf Vergütungen[11]).

(3) Die Vorschriften der Abs. 1, 2 gelten auch für Kredite zugunsten des Ehegatten oder eines minderjährigen Kindes des Vorstandsmitglieds oder anderen gesetzlichen Vertreters oder zugunsten eines Dritten, der für dessen Rechnung handelt[12]).

(4) Die Mitglieder des Vorstandes sind zum Ersatz verpflichtet, wenn sie entgegen den Vorschriften der Abs. 1 bis 3 an andere Mitglieder des Vorstandes oder ihnen gleichgestellte Personen Kredit gewähren[13])[14]).

(5) Die Mitglieder des Aufsichtsrats sind zum Ersatz verpflichtet, wenn mit ihrem Wissen und ohne ihr Einschreiten eine der im Abs. 1 bis 3 bezeichneten Handlungen vorgenommen wird[15]).

(6) Auf die Geltendmachung des Ersatzanspruchs nach Abs. 4, 5 finden die Vorschriften des § 241 Abs. 4, 5 entsprechende Anwendung[16]).

1. Wovon der Gesetzgeber bei diesen Bestimmungen ausgegangen ist, zeigt „das minderjährige Kind des Vorstandsmitglieds“, das von einer Aktiengesellschaft Kredit nimmt. Wem drängt sich hier nicht der Ausdruck „Schiebung“ auf. Um so mehr muß man sich wundern, daß Kreditgeschäfte des Vorstandes mit seiner eigenen Gesellschaft nicht einfach verboten und unter Strafe gestellt, sondern gestattet werden. Welcher vernünftige, gute Grund kann dafür geltend gemacht werden, daß ein Vorstand seine Gesellschaft anpumpt? Andere Geschäfte (als seine Vorstandsgeschäfte) soll der Vorstand nicht machen (§ 236 HGB.). Er wird von der Gesellschaft entlohnt. Kann ihn die Gesellschaft nicht oder nicht genügend bezahlen, so kommt doch nach anständigen kaufmännischen Grundsätzen eine Kreditgewährung als Aequivalent überhaupt nicht in Frage.

Die Vorschrift erkennt also die Kreditgewährung der Gesellschaft an den eigenen Vorstand an, knüpft ihn aber an die ausdrückliche Zustimmung des Aufsichtsrats.

2. Mitglieder des Vorstandes sind in der Aufnahme von Kredit beschränkt, dagegen nicht Mitglieder des Auf-

sichtsrats (ausgenommen den Fall § 248 S. 2 HGB.), was eine Lücke ist. Liquidatoren stehen dem Vorstand gleich; auch stellvertretende Vorstandsmitglieder (Abs. 3). Prokuristen sind keine gesetzlichen Vertreter; auch dann nicht, wenn das Vorstandsmitglied nur zusammen mit ihnen die Gesellschaft vertreten kann.

3. In welcher Form der Kredit gewährt wird, ist gleichgültig: auf die Form kommt es nicht an. Gegenstand des Kredits können auch Sachwerte sein, nicht nur Geld. Kredit kann in Form von Stundungen, Bürgschaften, Wechseln, Schecks, dinglichen Sicherungen an beweglichen und unbeweglichen Sachen, Versprechen usw. gewährt werden. Für die Form des Darlehenskredites trifft Abs. 2 besondere Vorschriften.

4. Vor der Gewährung des Kredits ist die Zustimmung des Aufsichtsrats herbeizuführen; auch hier wiederum genügt nicht eine Erklärung des Aufsichtsratsvorsitzenden. Der Aufsichtsrat muß einen Beschluß fassen. Die Erklärung dieses Beschlusses erfolgt dann gewöhnlich durch den Vorsitzenden.

Eine Kreditgewährung ohne diese vorherige Zustimmung ist Untreue.

5. Satz 2 verhindert Umgehungen bei Konzerngesellschaften. Es ist zu beachten, daß hier die VO. vom abhängigen Unternehmen spricht. Der Begriff ist weiter als der Begriff der Handelsgesellschaft oder der bergrechtlichen Gewerkschaft im § 226 Abs. 4; vielleicht aber auch enger, je nachdem man sich entscheidet.

Satz 2 spricht nämlich von Krediten an gesetzliche Vertreter des Unternehmens: ein Novum. Es gibt nach der Sprache unserer Gesetzgebung gesetzliche Vertreter von Minderjährigen usw.; es gibt Personen, welche für Gesellschaften in Form von juristischen Personen handeln, und die Stellung gesetzlicher Vertreter haben, ohne in Wirklichkeit gesetzliche Vertreter zu sein. Der Vater ist gesetzlicher Vertreter seines Kindes; der Vorstand einer AG. ist es kraft rechtsgeschäftlicher Bestellung. Indessen kommt es auf diesen Unterschied hier weniger an. Jedenfalls kannte man bisher Inhaber eines Unternehmens, nicht aber gesetzliche Vertreter. Soll nun das Einzelunternehmen, also das Unternehmen, das einer natürlichen Person gehört, im Konzern unter die Vorschrift fallen oder nur das Gesellschaftsunternehmen einer Handelsgesellschaft oder bergrechtlichen Gewerkschaft oder gar nur dasjenige Unternehmen, das einer juristischen Person (AG., Kommanditges. auf Aktien, GmbH., Genossenschaft) zusteht, weil nur die juristische Person gesetzliche Vertreter hat? Ich entscheide mich für den weiten Begriff des Unternehmens ohne Rücksicht auf die Form (Einzelfirma, offene HG., AG. usw.). Es kann vom Ausgangspunkt dieser Vorschrift aus nicht auf die Form des abhängigen Unternehmens ankommen. Der Vorstand der AG. soll auch nicht Kredite von Abhängigen nehmen, es sei denn, daß der Aufsichtsrat der Gesellschaft ausdrücklich zustimmt. Hier zeigt sich die Einheitlichkeit des Konzerns: ein Schicksal, eine Kasse. Aus dem Vermögen des Konzerns soll der Aktienvorstand nur unter den gesetzlich vorgeschriebenen Kautelen Kredite erhalten. Umgehungen der Eingangsvorschrift sollen verhindert werden. Aus all diesen Gründen rechtfertigt sich die vorgetragene Auffassung, wobei schließlich nachgeholt werden mag, daß Gesellschaft und Unternehmen nach handelsrechtlichen Grundsätzen nicht identisch sind. Auch nach Veräußerung des Unternehmens besteht die Gesellschaft weiter. (RGZ. Bd. 124 S. 279.)

Der Vorstand der abhängigen Gesellschaft darf von der herrschenden Gesellschaft auch nur mit Zustimmung des Aufsichtsrats Kredit nehmen.

6. Ueber den Begriff der abhängigen Gesellschaft vgl. § 226 Abs. 4 Anmerkungen. Abhängigkeit ist auch hier „Stehen unmittelbar oder mittelbar unter dem beherrschenden Einfluß einer Gesellschaft auf Grund von Beteiligungen oder in sonstiger Weise". Der Unterschied liegt nur darin, daß nach § 226 die beherrschende Gesellschaft eine AG. oder KAG. sein muß, während es hier auch eine GmbH. sein kann.

Ein Konzern nur aus Gesellschaften mit beschränkter Haftung fällt nicht unter die Vorschrift.

7. Die Vorschrift des dritten Satzes ist unklar gefaßt. Zweifel entstehen darüber, ob denn die Höhe der Kreditsummen, die im Laufe der drei Monate gewährt werden, im voraus begrenzt sein müssen. Man wird das annehmen müssen: zu einem Kreditgeschäft gehören die Bedingungen des Geschäfts. Eine Ausnahme von dieser generellen Zustimmung bildet das im Abs. 2 besonders geregelte Darlehensgeschäft und was ihm gleichsteht.

8. § 607 BGB. bestimmt:

„Wer Geld oder andere vertretbare Sachen als Darlehen empfangen hat, ist verpflichtet, dem Darleiher das Empfangene in Sachen von gleicher Art, Güte und Menge zurückzuerstatten.

Wer Geld oder andere vertretbare Sachen aus einem anderen Grunde schuldet, kann mit dem Gläubiger vereinbaren, daß das Geld oder die Sachen als Darlehen geschuldet werden sollen."

Auf beide Fälle bezieht sich § 240a zweiter Absatz.

9. Die vom Aufsichtsrat getroffenen Bestimmungen über Verzinsung und Rückzahlung müssen in das Abkommen zwischen dem Vorstand und der AG. aufgenommen werden. Werden sie es nicht, dann ist das Geschäft ohne die gesetzlich erforderliche Zustimmung abgeschlossen worden.

10. Von besonderer Bedeutung ist Abs. 2 Satz 2, weil er die praktisch häufigen Fälle der Entnahmen trifft. Unter Entnahmen versteht man alle Annahmen von Geld oder Sachwerten — z. B. Kohlen —, auf deren Leistung das Vorstandsmitglied kraft seines Vertrages an sich Anspruch hat, zum Zwecke der Schuldtilgung.

10. Ueberschreitet die Entnahme die Vergütungen (an Gehalt oder Tantieme oder Provision), dann steht diese Entnahme dem Darlehen gleich. Eine Ueberschreitung liegt auch dann vor, wenn die Fälligkeit der Vergütungen noch nicht oder nicht mehr gegeben ist.

11. Der Vorschuß ist eine Entnahme, obwohl seine Annahme die Schuld nicht tilgt, — nach dem Wortlaut der VO. Seine Anreihung an das Darlehen läge näher; indessen ist dies ohne Bedeutung, weil ja der Vorschuß als Darlehen behandelt wird. Vorschüsse müssen also verzinst und (durch Verrechnung oder in bar) zurückgezahlt werden.

12. Abs. 3 will den (aus andern Gebieten hinreichend bekannten) Schiebungen entgegentreten: ein Arbeitnehmer läßt seine Ehefrau den Anstellungsvertrag abschließen, während er nur das pfändungsfreie Gehalt bezieht; ein Kaufmann betreibt sein Geschäft unter dem Namen seines minderjährigen Kindes usw. Da das alles Scheingeschäfte sind — vgl. hierzu den hervorragenden Aufsatz von Schwister „Die Schiebung unter Ehegatten", JW. 1931 S. 2548 —, so behandelt die VO. den versteckten wie den offenen Abschluß der Beteiligten. Desgleichen den Abschluß mit Dritten, die für Rechnung des Vorstandsmitglieds handeln, also mit Strohmännern.

13. Man sollte annehmen, daß ein Kreditgeschäft entgegen den Vorschriften der Abs. 1, 2, 3 nichtig sei: indessen sieht ohne sichtbaren Grund — Rücksichten auf die Allgemeinheit, gutgläubige Dritte entfallen hier — die VO. diese gesetzwidrigen Rechtsgeschäfte als wirksam an und verpflichtet lediglich das ungetreue Vorstandsmitglied zum Ersatz, unter Voraussetzungen auch Aufsichtsratsmitglieder.

14. Die VO. vermeidet im Anschluß an § 241 HGB. den Ausdruck „Ersatz des Schadens"; nichts anderes ist jedoch gemeint. Der Schaden besteht bereits in der Kreditgewährung — ohne Rücksicht darauf, ob noch etwas von dem Schuldner zu erlangen ist.

15. Ist nur ein Vorstandsmitglied vorhanden, dann muß der Aufsichtsrat im Namen der Gesellschaft mit dem Vorstandsmitglied kontrahieren.

Hat ein Mitglied des Aufsichtsrats die entscheidende Sitzung versäumt — entschuldbar —, dann entfällt seine Ersatzpflicht. Kennt das Mitglied das verbotene Geschäft, dann darf es sich nicht auf einen Widerspruch gegenüber den übrigen Aufsichtsratsmitgliedern beschränken, sondern muß „einschreiten": Stornierung des Geschäfts verlangen, erneute Beschlußfassung, äußerstenfalls Einberufung der Generalversammlung. Dagegen kann man ihm gerichtliche Schritte (Klage, einstweilige Verfügung) nicht zumuten.

16. Hinsichtlich Abs. 6 vgl. § 227a Abs. 3 Anm. 3.

Artikel IV

1. Hinter § 244 des Handelsgesetzbuchs ist als § 244a folgende Vorschrift einzufügen:

§ 244a

(1) Jedes Mitglied[1]) des Aufsichtsrats ist berechtigt, unter Angabe des Zwecks und der Gründe zu verlangen, daß der Vorsitzende unverzüglich den Aufsichtsrat beruft. Die Sitzung muß spätestens zwei Wochen nach der Einberufung stattfinden.

(2) Wird einem von mindestens zwei Mitgliedern des Aufsichtsrats geäußerten Verlangen nicht entsprochen, so können die Mitglieder, die das Verlangen gestellt hatten, unter Mitteilung des Sachverhalts selbst den Aufsichtsrat berufen[2]).

(3) Stellt die Einberufung einen offenbaren Mißbrauch dar, so fallen die Kosten der Sitzung den Mitgliedern zur Last, die die Einberufung veranlaßt haben. Der Anspruch der Gesellschaft auf Erstattung der Kosten kann nur mit Zustimmung von drei Vierteln der Gesamtzahl der Mitglieder des Aufsichtsrats geltend gemacht werden[3]).

2. Im § 246 Abs. 1 des Handelsgesetzbuchs wird dem Satz 2 folgende Vorschrift angefügt[4]):

Auf Verlangen des Aufsichtsrats[5]) ist auch über die Beziehungen zu einer abhängigen Gesellschaft oder einer Konzerngesellschaft zu berichten[6])[7]). Das Recht auf Berichterstattung steht auch dem einzelnen Mitglied[8]) des Aufsichtsrats mit der Maßgabe zu, daß die Berichterstattung[9]) nur an den Aufsichtsrat als solchen[10]) und, wenn der Vorstand die Berichterstattung ablehnt, nur dann verlangt werden kann, wenn das Verlangen mindestens von einem anderen Mitglied und bei einem Aufsichtsrat von zwanzig oder mehr Mitgliedern mindestens von zwei anderen Mitgliedern des Aufsichtsrats unterstützt wird[11]).

1. Die weitgreifende Vorschrift des § 246 HGB. leidet unter dem Mangel, daß das einzelne Mitglied nicht aktionsfähig gemacht ist. „Der Aufsichtsrat" hat zu überwachen . . . Berichterstattung von dem Vorstande zu verlangen — also das „Kollektiv". Auch nach der VO. hat gegenüber dem Vorstande das einzelne Aufsichtsratsmitglied keine Befugnisse; wenn man nicht gerade die Einsichtnahme in den schriftlichen Bericht (§ 239a S. 2) als eine derartige Befugnis betrachten will. In gewisser Beziehung ändert die VO. diesen unerträglichen Zustand. Zwar hat direkt das einzelne Aufsichtsratsmitglied kein Ueberwachungsrecht gegenüber dem Vorstand, wohl aber indirekt — über den Aufsichtsrat, dessen Berufung jedes einzelne Mitglied veranlassen kann.

2. Nach Abs. 1 hat das Einzelmitglied den Anspruch auf Einberufung des Aufsichtsrats und Abhaltung der Sitzung spätestens zwei Wochen nach der Einberufung. Wenn aber der Vorsitzende diesem Verlangen nicht gerecht wird, dann kann das Mitglied *nicht* selbst den Aufsichtsrat einberufen. Die Einberufung unterbleibt also. Ein *klagbares Recht* auf Einberufung gibt es nicht: der Anspruch ist kein solcher im Sinne des § 194 BGB. Auch liegt kein Gläubiger- und Schuldnerverhältnis vor. Die Leistung (Einberufung, Abhaltung der Sitzung) gebührt nicht dem Mitglied, das sie verlangt. Nicht in dessen Interesse erfolgt die Einberufung und die Sitzung, sondern im Interesse der *Gesellschaft*. Man kann das *Klagerecht* (und die einstweilige Verfügung) aber auch so *ausschließen*: ein Anspruch liegt nicht vor, wenn der Berechtigte den Rechtserfolg durch eigene Handlung herbeiführen kann (vgl. *Warneyer* BGB. Kommentar § 194

Anm. I, RGZ. Bd. 92 S. 1). Hier kann das Mitglied den Aufsichtsrat selbst nur dann einberufen, wenn sich ein zweites Mitglied zu ihm gesellt hat: also nur zwei Mitglieder können einberufen, eines nicht. Damit ist dem Verlangen der Anspruch- oder jedenfalls der klagbare Charakter genommen.

Diese Regelung führt dazu, das einzige Mitglied, das nicht zum Konsortium gehört, das nicht dem Konzern hörig ist, auszuschalten: eine höchst unbefriedigende Lösung. Sie wiederholt sich im § 246 Abs. 1 Satz 2.

3. Es kommt auf die Gesamtzahl der vorhandenen Aufsichtsratsmitglieder an, nicht auf die Zahl der in der Sitzung erschienenen.

4. Die Bestimmung des § 246 HGB. lautet nunmehr:

„Der Aufsichtsrat hat die Geschäftsführung der Gesellschaft in allen Zweigen der Verwaltung zu überwachen und sich zu dem Zwecke von dem Gange der Angelegenheiten der Gesellschaft zu unterrichten. Er kann jederzeit über diese Angelegenheiten Berichterstattung von dem Vorstande verlangen und selbst oder durch einzelne von ihm zu bestimmende Mitglieder die Bücher und Schriften der Gesellschaft einsehen sowie den Bestand der Gesellschaftskasse und die Bestände an Wertpapieren und Waren untersuchen. Auf Verlangen des Aufsichtsrats ist auch über die Beziehungen zu einer abhängigen Gesellschaft oder einer Konzerngesellschaft zu berichten. Das Recht auf Berichterstattung steht auch dem einzelnen Mitglied des Aufsichtsrats mit der Maßgabe zu, daß die Berichterstattung nur an den Aufsichtsrat als solchen und, wenn der Vorstand die Berichterstattung ablehnt, nur dann verlangt werden kann, wenn das Verlangen mindestens von einem anderen Mitglied und bei einem Aufsichtsrat von zwanzig oder mehr Mitgliedern mindestens von zwei anderen Mitgliedern des Aufsichtsrats unterstützt wird.

Er hat die Jahresrechnungen, die Bilanzen und die Vorschläge zur Gewinnverteilung zu prüfen und darüber der Generalversammlung Bericht zu erstatten.

Er hat eine Generalversammlung zu berufen, wenn dies im Interesse der Gesellschaft erforderlich ist.

Weitere Obliegenheiten des Aufsichtsrats werden durch den Gesellschaftsvertrag bestimmt.

Die Mitglieder des Aufsichtsrats können die Ausübung ihrer Obliegenheiten nicht anderen übertragen."

5. Es ist oben bereits hervorgehoben worden, daß ohne Schilderung der Lage der Gesellschaft innerhalb des Konzerns ein ordentlicher Bericht überhaupt nicht erstattet werden kann: § 239a Anm. Hier wird nun zum Ausdruck gebracht, daß der Aufsichtsrat eine derartige Berichterstattung verlangen kann. Stellt der Aufsichtsrat dieses Verlangen nicht, dann ist damit noch lange nicht gesagt daß der Vorstand für die Unterlassung dieses Berichts nicht haftbar gemacht werden könne.

6. Was ist eine Konzerngesellschaft? Naiv beantwortet: eine Gesellschaft, die zu einem Konzern gehört.

Eine „Gesellschaft" ist nicht notwendig eine Handelsgesellschaft; das kann auch eine Gesellschaft bürgerlichen Rechts sein. So daß also die Konsortien um die Gesellschaft herum, die vorab Geschäfte machen und sie (unter Verdiensten für sich) in die Gesellschaft einbringen, darunter fallen. Wenn diese Konsorten alle oder teilweise identisch mit den Personen des Aufsichtsrats (oder des Vorstandes) sind, so ändert das nichts an der Pflicht zur Berichterstattung.

Auch Kartelle in Form der bürgerlich-rechtlichen Gesellschaft gehören hierher. (Vgl. Art. V § 260a Ziff. 7.)

Ein Konzern: Haußmann (Grundlegung S. 87) hält eine Definition des Begriffs des Konzerns rechtlich nicht unbedingt geboten, wobei das „rechtlich" wohl zur „Definition" gehören dürfte. Im Jahre 1926 ist dieser Satz kaum anfechtbar gewesen. Heute jedoch, nachdem der Gesetzgeber sich des Ausdrucks „Konzerngesellschaft" bedient, kann man der Aufgabe nicht aus dem Wege gehen. Hängen doch von einer Definition die Grenzen der aktienrechtlichen Berichterstattung, der Bilanz u. ä. ab.

Bei der nachfolgenden Untersuchung wird man guttun, sich ein Gebilde vor Augen zu halten, das zweifellos ein Konzern gewesen ist, den Stinnes-Konzern. Nach „Stinnes und seine Konzerne" von Ufermann und Hüglin (Berlin 1924) umfaßte der Stinnes-Konzern folgende Arten von Unternehmungen: Steinkohlenbergwerke und -felder, Braunkohlenbergwerke und -felder, Erzgruben und -felder, Oel- und Petroleum- und Fabriken, Erde und Steine, Keramik, Elektrotechnik, Hoch- und Tiefbau, Hüttenwerke, Metallwaren- und Maschinenfabriken, Waggon- und Lokomotivbau, Werften, Elektrotechnische Fabriken, Chemie, Papier- und Zuckerfabriken, Schuhfabriken, Telegraphengesellschaften, Elektrizitäts- und Gaswerke, Wasser-, Dampf- und Wärmeerzeugung, Bahnen, Reedereien, Pressewesen und Verlagsgesellschaften, Wälder, Sägewerke, landwirtschaftliche Güter, Baumwoll- und Kokosplantagen, Banken. Holding- und Versicherungsgesellschaften, Ein- und Verkaufsbüros, Import- und Exporthäuser, Vertriebsgesellschaften, Handelsgesellschaften, Niederlassungen und Vertretungen im In- und Ausland, Gemeinnützige Gesellschaften, Wohlfahrtsunternehmungen, Syndikate, Kartelle und wirtschaftliche Verbände, sonstige Unternehmungen: insgesamt 1664 „selbständige" Unternehmungen und „selbständige" Teilbetriebe, 2890 Betriebsanlagen und „unselbständige Teilbetriebe", insgesamt 4554; dazu „erfaßte Kapitalien": 244 128 273 161 in Mark (S. 86).

Wenn man die (ironische) Frage stellt, wie denn bei der Buntheit und Ausdehnung dieses Konzerns jemals (neben den Einzelbilanzen) eine gemeinschaftliche Jahresbilanz aufgestellt werden könnte, so muß erwidert werden,

einmal, daß der Mangel einer solchen gemeinschaftlichen Bilanz vom kaufmännischen Standpunkt für den Beherrscher dieser Unternehmungen ein grandioser Fehler war,

sodann, daß der Elektromontan-Konzern durch die Obergesellschaft Richtlinien für Bilanzierung gibt (Rosendorff, Die rechtliche Organisation der Konzerne, S. 17).

Eine allgemeine Begriffsbestimmung des Konzerns zu geben — das ist nicht die Aufgabe. Damit wäre auf der einen Seite zu viel, auf der anderen zu wenig getan.

Es handelt sich darum, im Rahmen der aktienrechtlichen Vorschriften zum praktisch anwendbaren Konzernbegriff zu gelangen, wie sie oben aus der VO. zusammengestellt worden sind.

Es genügt zur Orientierung allgemein zu sagen:

Der Konzern ist eine kapitalistische Verbindung von Unternehmen, die sich scheidet vom Kartell (einem Unternehmerverband) und vom Trust (der möglichst restlosen Zusammenfassung gleichgerichteter Unternehmungen zum Zweck der Marktbeherrschung in einer Hand) — vgl. hierzu Tschierschky „Kartellorganisation" S. 17, Haußmann „Grundlegung usw." S. 87. Im Jahre 1914 hat Vogelstein den Konzern definiert als „durch finanzielle und persönliche Bande zusammengeschlossene Gruppe von Unternehmungen" (vgl. Dr. Duschnitzky „Das Konzern-Problem", Kaunas 1927) — und ich glaube kaum, daß man eine bessere allgemeine Definition finden wird. Man könnte den finanziellen und persönlichen Banden noch die rechtlichen anfügen und bemerken, daß diese Unternehmungen als Rechtsfiguren formal selbständig sind. Haußmann (l. c. S. 87) verlangt zu Unrecht dingliche und obligatorische Rechtsbeziehungen und eine Zentralgewalt, wobei ungeklärt bleibt, ob die Herrschaft durch Aktien „dinglich" oder „obligatorisch" bleibt; Friedländer vermißt im Konzernbegriff das „Absolute", ihm bietet er nur „etwas Relatives"; er spricht von Gesamtunternehmen (l. c. S. 44, 59). Duschnitzky mischt die Begriffsbestimmung aus folgenden Elementen: kapitalistischer, nicht monopolistischer Organisationsform, unbeschränkter Ausdehnungstendenz, einheitlicher Leitung (l. c. S. 28).

Nach der VO. ist im aktienrechtlichen Sinne ein Konzern eine Verbindung von mehreren Unternehmungen unter einer Leitung, wobei eine Unternehmung die Rechtsform der Aktiengesellschaft oder Kommanditgesellschaft auf Aktien haben muß.

Die Verbindungen können geschaffen werden: durch Interessengemeinschaftsverträge (vgl. des Verf. Kommentar zum Kartellrecht, 2. Aufl. § 10 S. 163 ff.);

durch Beteiligungen am Vermögen der andern Unternehmungen;

in der VO. geregelt ist der Fall der zur Beteiligung bestimmten Wertpapiere. Aktien einer Gesellschaft, deren Nennbeträge insgesamt den vierten Teil des Grundkapitals dieser Gesellschaft erreichen, sowie Kuxe einer bergrechtlichen Gewerkschaft, deren Zahl insgesamt den vierten Teil der Kuxe dieser Gewerkschaft erreicht, gelten im Zweifel als zur Beteiligung bestimmt;

durch Pachtverträge und Betriebsüberlassungs- und Führungsverträge (vgl. Friedländer l. c. § 15 Kap. 4);

durch Gemeinschaftsverträge über Konzessionen, Patente, Lizenzen, Marken- und ähnliche Rechte (§ 261a Abt. 1 A II 5); durch Lieferungen (vgl. Friedländer S. 346).

Damit ist der Katalog der „Verbindungen" nicht abgeschlossen. Es ist nicht erforderlich, daß — wenn z. B. der Konzern durch Aktienbeteiligungen aufgebaut ist — alle Gesellschaften bei den andern durch Wertpapierbesitz beteiligt sind: nur muß die „Verflechtung" in ungebrochener Kette bis auf die zentrale Leitung zurückgehen. Selbstverständlich können die verschiedenen Arten der Verbindung nebeneinander und untereinander auftreten.

Im Rahmen des Konzerns treten nur zwei Arten der Verbindung auf:

Die Koordination und die Subordination (vgl. hierzu Haußmann l. c. S. 125 ff.); dabei muß man davon absehen, daß der „Zentrale" alle Konzerngesellschaften subordiniert sind. Diese Koordination und diese Subordination drücken sich in juristischen Formen aus: die Form der bürgerlich-rechtlichen Gesellschaft (Interessengemeinschaftsform) ist eine Koordination; die Pacht oder Bestellung zum Organ einer Subordination. Die VO. hebt dieses Subordinationsverhältnis heraus — wie wir gesehen haben — und spricht von der „beherrschenden" und von der „abhängigen" Gesellschaft.

Dieses Hervorheben bedeutet aber nicht, daß nur das Subordinationsverhältnis einen Konzern darstelle: die Verordnung scheidet zwischen abhängigen Gesellschaften und Konzerngesellschaften. Andererseits ist auch die Annahme abzulehnen, daß infolge dieser Scheidung der Konzern nur koordinierte Gesellschaften haben dürfe.

Wenn man nunmehr zusammenfaßt, so ergibt sich für die Konzerngesellschaft folgende Definition:

Eine Konzerngesellschaft im Sinne der VO. ist eine Gesellschaft des bürgerlichen oder Handelsrechts, die mit andern solchen Gesellschaften, unter denen sich eine AG. oder KAG. befindet, durch Beteiligung, Vertrag oder Personen von einer Zentralstelle aus in gleichgestellter oder untergeordneter Weise verbunden ist.

7. Es ist über Beziehungen zu berichten. Mit Recht bedient sich hier die VO. eines weit gespannten Begriffs, der nicht etwa mit Verpflichtungen zu identifizieren ist. Es ist das ganze Verhältnis in seinen Grundlagen, Entwicklungen und Auswirkungen darzulegen, damit der Aufsichtsrat (einschließlich eines außerhalb des Konzerns stehenden Mitglieds) ein Bild bekommt, inwiefern das Schicksal seiner Gesellschaft durch die Konzerngesellschaft betroffen wird oder bei Eintritt neuer Ereignisse betroffen werden kann.

8. Zu dem Recht des Einzelmitglieds des Aufsichtsrats auf Einberufung des Aufsichtsrats gegen dessen Vorsitzenden (und auf Abhaltung einer Sitzung) tritt hier das Recht auf Berichterstattung, das das einzelne Mitglied des Aufsichtsrats gegen den Vorstand hat (in seiner Gesamtheit, nicht gegen ein einzelnes Vorstandsmitglied).

9. Die Form der Berichterstattung ist nicht vorgeschrieben: die Berichterstattung kann also auch mündlich erfolgen.

10. „Der Aufsichtsrat als solcher" ist die Gesamtheit seiner Mitglieder: nicht unbedingt zur Sitzung vereinigt.

11. Vgl. § 239a Anm. 6, 7.

Artikel V

1. § 260 des Handelsgesetzbuchs ist in folgender Fassung anzuwenden:

§ 260

(1) Die Generalversammlung beschließt über die Jahresbilanz und die Gewinn- und Verlustrechnung (Jahresabschluß), über die Gewinnverteilung und über die Entlastung des Vorstandes und des Aufsichtsrats.

(2) Der Vorstand hat in den ersten drei Monaten des Geschäftsjahrs für das verflossene Geschäftsjahr den Jahresabschluß sowie einen Geschäftsbericht dem Aufsichtsrat und mit dessen Bemerkungen der Generalversammlung vorzulegen. Der Gesellschaftsvertrag kann eine andere Frist bestimmen, jedoch nicht über die Dauer von sechs Monaten hinaus[1])[2])[3])[4]).

1. Neu ist der Zusatz „die Gewinn- und Verlustrechnung" (Jahresabschluß). Für „Gewinn- und Verlustrechnung" im Abs. 2 ist Jahresabschluß gesetzt. Der alte Zusatz „den Vermögensstand und die Verhältnisse entwickelnden" (Bericht) ist weggeblieben.

2. Die Fristen des Abs. 2 von drei und sechs Monaten sind geblieben.

3. Die Vorschrift des § 263 HGB. über die Auslegung und Abschrift der im Abs. 2 bezeichneten Vorlagen ist unberührt geblieben.

4. Jahresbilanz: §§ 261, 261 a, 261 b.
Jahresabschluß: §§ 260 b, 261 c, 362 a ff.
Geschäftsbericht: § 260 a.

2. Hinter § 260 des Handelsgesetzbuchs werden als §§ 260 a und b folgende Vorschriften eingefügt:

§ 260 a

(1) In dem Geschäftsbericht sind der Vermögensstand und die Verhältnisse der Gesellschaft zu entwickeln und der Jahresabschluß zu erläutern. Bei der Erläuterung des Jahresabschlusses sind auch wesentliche Abweichungen von dem früheren Jahresabschluß zu erörtern[1]).

(2) In dem Geschäftsbericht ist auch über die Beziehungen zu einer abhängigen Gesellschaft und einer Konzerngesellschaft zu berichten[2]).

(3) In dem Geschäftsbericht sind ferner Angaben zu machen über

1. Aktien, die von dem Aktionär als Gründer oder Zeichner für Rechung der Gesellschaft übernommen worden sind; sind solche Aktien im Laufe des Geschäftsjahrs verwertet worden, so ist auch über ihre Verwertung und die Verwendung des Erlöses zu berichten[3a]);
2. den Bestand an eigenen Aktien der Gesellschaft, die ihr oder einem anderen für ihre Rechnung gehören; sind solche Aktien im Laufe des Geschäftsjahrs erworben oder veräußert worden, so ist auch über den Erwerbs- oder Veräußerungspreis und die Verwendung des Erlöses zu berichten[3b]);
3. gebundene Aktien; eine Aktie gilt als gebundene Aktie, wenn der Aktionär durch ausdrückliche oder stillschweigende Vereinbarung zugunsten der Gesellschaft, einer abhängigen Gesellschaft oder einer Konzerngesellschaft in der Ausübung der Aktienrechte oder in der Veräußerung oder sonstigen Verfügung über die Aktie gebunden ist[3c]);
4. im Laufe des Geschäftsjahrs ausgegebene Genußscheine[4]);
5. aus der Bilanz nicht ersichtliche Haftungsverhältnisse einschließlich von Pfandbestellungen und Sicherungsübereignungen sowie von Verbindlichkeiten aus der Begebung von Wechseln und Schecks[5]);
6. die Gesamtbezüge der Mitglieder des Vorstandes und die der Mitglieder des Aufsichtsrats (Gehalt; Vergütungen, die in einem Anteil am Jahresgewinn bestehen; Aufwandsentschädigungen; Provisionen und Nebenleistungen jeder Art[6]);
7. die Zugehörigkeit der Gesellschaft zu preis- und absatzregelnden Verbänden, Konventionen und ähnlichen Verbindungen[7]);
8. Vorgänge von besonderer Bedeutung, die nach dem Ende des Geschäftsjahrs eingetreten sind.

(4) Die Berichterstattung hat den Grundsätzen einer gewissenhaften und getreuen Rechenschaftsablegung zu entsprechen. Sie kann nur insoweit unterbleiben, als das überwiegende Interesse einer der beteiligten Gesellschaften oder der Allgemeinheit es erfordert[8]).

1. Ein Blick auf die üblichen Geschäftsberichte der AG. zeigt, daß diese Berichte, den Zweck der Aufklärung der Aktionäre und der Personen, die es werden wollten, völlig verfehlte: den vom Gesetz verfolgten Zweck. Betrachtet man zum Beispiel den Geschäftsbericht der Dresdner Bank vom März 1931, der drei Seiten umfaßt, so wird man nichts als allgemeine Betrachtungen finden; abgesehen von einigen Angaben über Gemeinschaftsgeschäfte und nahestehende Banken. Derartigen Geschäftsberichten, die nichtssagend und deshalb irreführend sind, tritt die Vorschrift des § 260a entgegen. Sie stellt zwingende Bestimmungen auf; bedient sich der imperativen Form. Es wird ein Bericht verlangt, der einmal den Vermögensstand und die Verhältnisse der Gesellschaft entwickelt und den Jahresabschluß erläutert, sodann eine Reihe positiver Angaben enthält.

Der Geschäftsbericht muß den Vermögensstand und die Verhältnisse der Gesellschaft entwickeln: das heißt also die Bewegung des Bilanzjahres nach der finanziellen und nach der geschäftlichen Seite darstellen. Unerläßlich ist dazu die Angabe über Solvenz in den einzelnen Stadien des Bilanzjahres und Detaillierung der „Verhältnisse".

Künftighin wird also folgender Geschäftsbericht gesetzwidrig sein (wobei die Beurteilung nach bisherigem Recht dahingestellt sei):

> „Es kann unter diesen Umständen nicht verwundern, daß die Ergebnisse unserer Bank im zweiten Semester hinter denen des ersten stark zurückbleiben und sich diese Entwicklung auch im Erträgnis des ganzen Geschäftsjahres ausdrückte, obwohl umsatzmäßig das Jahr 1930 eine weitere Steigerung . . . aufwies."

Das gleiche gilt von der Erläuterung des Jahresabschlusses. In dem genannten Geschäftsbericht vom März 1931 heißt es:

> „Unter vorsichtiger Bewertung der Aktiven und nach Vornahme starker Abschreibungen ergibt sich laut Gewinn- und Verlustrechnung ein Ueberschuß von X RM."

Das ist natürlich keine Erläuterung: es wird gesagt, daß die Bewertung der Aktiven „vorsichtig" sei —, es wird aber nicht das Entscheidende gesagt, warum sie „vorsichtig" sei. Gerade diese Erläuterung des Jahresabschlusses ist von besonderer Bedeutung: der Aktionär orientiert sich durch die Dividende über eine Aktiengesellschaft.

Die Erläuterung der Abweichungen von dem früheren Jahresabschluß zeigt gerade die Entwicklung der Gesellschaft und verstärkt das Bild der Bilanz — durch Licht oder Schatten. Auch diese Erläuterung ist zwingend vorgeschrieben.

Zur Gewinn- und Verlustrechnung hat das RG. in einer Entscheidung vom 23. Januar 1931 wie folgt Stellung genommen:

„In dieser Richtung bemängelt der Kläger einmal die Aufmachung der Gewinn- und Verlustrechnung, die mit Sinn und Zweck des § 260 Abs. 2 HGB. unvereinbar sei. Dieser formale Anfechtungsgrund hat mit § 271 Abs. 3 Satz HGB. nichts zu tun. Wenn das Berufungsgericht ausführt, daß nicht einmal das Fehlen einer Gewinn- und Verlustrechnung die Anfechtung des Bilanzgenehmigungsbeschlusses rechtfertigen würde, so kann dem nicht beigetreten werden. Unzweifelhaft ist nach § 260 Abs. 2 auch diese Rechnung ein wesentliches Stück der Rechenschaftsablegung durch die Verwaltung; sie bildet mit die Grundlage für die Stellungnahme der Aktionäre zu den Verwaltungsvorlagen. Die Bedeutung, welche das Gesetz diesem Teil der Rechenschaftsablage beimißt, kommt auch darin zum Ausdruck, daß für Aktiengesellschaften die Veröffentlichung dieser Rechnung und jedenfalls auch deren Einreichung bei dem Registergericht vorgeschrieben ist. (Vgl. § 265 HGB.) Es ist dem Kläger ferner unbedenklich zuzugeben, daß eine Gewinn- und Verlustrechnung, wie sie hier vorliegt, außerordentlich dürftig ist. Denn sie enthält auf der Habenseite nur zwei Posten, nämlich den Posten „Betriebsüberschuß von 1929" und den Posten „Vortrag vom Vorjahr", auf der Sollseite den Posten „Abschreibungen" und den dann verbleibenden Reingewinn.

Die Gewinn- und Verlustrechnung gibt also weder über die einzelnen Gewinn- und Verlustkonten Aufschluß noch über den Bruttogewinn im ganzen, noch über die Gesamtunkosten. Der Posten „Betriebsüberschuß" stellt vielmehr den Schlußsaldo der saldierten einzelnen Gewinn- und Verlustkonten dar. Nun bestimmt aber § 260 HGB. nichts Näheres darüber, was unter einer Gewinn- und Verlustrechnung zu verstehen und wie sie aufzumachen ist. Das Handelsgesetzbuch insbesondere sagt nichts darüber, ob und inwieweit diese Rechnung durch Offenlegung der Ergebnisse der einzelnen Konten aufzugliedern ist." (RGZ. Bd. 131 S. 195.)

Die VO. enthält auch keine Bestimmung der Gewinn- und Verlustrechnung; wohl aber fordert sie deren Erläuterung. Eine solche ist aber ohne Anführung der einzelnen Konten gar nicht möglich. Daraus ergibt sich zwangsweise deren Anführung im Jahresabschluß.

2. In dem Geschäftsbericht der Dresdner Bank finden wir über die Beziehungen zu abhängigen oder Konzerngesellschaften folgende lakonische Bemerkung: „Von den uns nahestehenden Banken wird die Deutsche Orientbank für das Geschäftsjahr voraussichtlich wiederum eine Dividende von 5 Prozent, die Deutsch-Südamerikanische Bank eine solche von 4 Prozent gegen 6 Prozent im Vorjahre verteilen usw." Derartige inhaltlose Angaben würden dem Abs. 2 in keiner Weise entsprechen. In dieser Hinsicht sei auf die Bemerkungen zu § 246 Abs. 1 verwiesen. Ergänzend sei hier noch darauf hingewiesen, daß es keinen Unterschied macht, ob die Konzerngesellschaften im Inland oder im Ausland ihren Sitz haben.

Der Bericht muß auch Angaben über die Konsortien, über Geldverpflichtungen und über gegenseitige Kredite enthalten.

3a. Abs. 3 Ziff. 1 verlangt Angaben über Vorratsaktien. Hier sei auf § 179 HGB. verwiesen. Sollte bei Uebernahme der Aktien diese Vorschrift verletzt worden sein, so ist auch das anzugeben. Mit dieser Vorschrift wird die Rechtswirksamkeit der Vorratsaktien leider bestätigt: ist doch die Unsicherheit des Aktienmarktes auf diese Vorratsaktien zurückzuführen. Die Rechtsprechung hat leider diesen Krebsschaden wuchern lassen. (Vgl. RGZ. Bd. 113 S. 192.) Die Schaffung von Aktien „die in den Vorschriften des Handelsgesetzbuchs keine unmittelbare Grundlage finden" ist blanke Willkür, eine unerklärliche Resignation gegenüber einem gemeingefährlichen Machtstreben, und die Begründung, daß die Vorratsaktien mit den Vorschriften des Handelsgesetzbuchs „nicht im Widerspruch" ständen, ist ebenso falsch wie oberflächlich. (RG. l. c.) Allerdings erkennt die II. Durchführungsverordnung für Goldbilanzverordnung (§§ 30 ff.) diese Vorratsaktien an. Sie folgt der falschen Judikatur und rechtfertigt sie post festum. Daß aber die Schaffung von Vorratsaktien als Stammaktien mit Gefahren verbunden ist, zeigt die Entscheidung des RGZ. Bd. 132 S. 160 ff. Werden die Aktien nicht geschaffen, um einen Kapitalbedarf zu befriedigen, werden gesellschaftsfremde Interessen verfolgt, werden die Minderheitsrechte in machtmißbräuchlicher Weise verkümmert, dann kann der Kapitalerhöhungsbeschluß „vor dem Recht" keinen Bestand haben. (l. c. S. 166, 167.) Die Gründe für die Schaffung der Vorratsaktien, die Gründer oder Zeichner der Aktien, der Vortrag des Konsortiums (oder seiner Strohmänner) mit der Gesellschaft, die Leistungen auf Grund dieses

Vertrages sind anzugeben. Verwertung ist die Abgabe gegen Entgelt. Ueber die Verwendung des Erlöses ist ebenfalls zu berichten. —

3b. Abs. 3 Ziff. 2 trifft gleiche Vorschriften für eigene Aktien der Gesellschaft. Hierbei macht es keinen Unterschied, ob die Aktien formell der AG. oder einem Dritten — auf Rechnung der Gesellschaft — gehören. Damit wird auch in diesem Punkte der Strohmann als Mittel der Bilanzverschleierung ausgeschaltet.

3c. Abs. 3 Ziff. 3 ist von besonderem Interesse insofern, als er eine Begriffsbestimmung der gebundenen Aktie gibt. (Im Anschluß an d. DB. GBBO.) Die Bindung besteht in einer Vereinbarung zwischen dem Aktionär und der Gesellschaft oder mit einem Dritten zugunsten der Gesellschaft.

Obwohl die Verordnung hier von der Vereinbarung, die ausdrücklich oder stillschweigend geschlossen werden kann, spricht, so scheidet die statutarische Bindung doch keineswegs aus.

Es heißt ja, daß in dem Geschäftsbericht Angaben über „gebundene Aktien" zu machen sind. Damit sind auch die Namensaktien gemeint, deren Uebertragung durch Satzung an die Zustimmung der Gesellschaft gebunden werden kann. (§ 222 Abs. 2 HGB.) Was außerdem als gebundene Aktie gilt, bestimmt der Zusatz.

Die Vereinbarung braucht nicht zwischen der Gesellschaft und dem Aktionär getroffen zu sein. Es genügt, wenn ein Dritter mit dem Aktionär zugunsten der Gesellschaft die Vereinbarung getroffen hat.

Auch hier werden Vereinbarungen zugunsten einer abhängigen Gesellschaft oder Konzerngesellschaft gleichstellt. Das ist in dem vorliegenden Falle nur dadurch verständlich, daß die VO. herrschende und abhängige Gesellschaft sowie die Konzerngesellschaften wirtschaftlich als Inhaber des Gesamtvermögens betrachtet — ganz im Einklange mit RGZ. Bd. 108 S. 41.

Den Inhalt der Bindung stellt die VO. auf zweierlei wahlweise ab: Ausübung der Aktienrechte, Verfügung über die Aktie, also auf die Summe von Rechtshandlungen innerhalb der Gesellschaft oder außerhalb, d. h. Dritten gegenüber.

Die Aktienrechte sind die Aktionärrechte: im wesentlichen Anteil am Gewinn (§§ 214, 215 HGB.), Stimmrecht (§§ 250—252 HGB.), Bezugsrecht (§ 282 HGB.); Sonderrechte: Anspruch auf die Liquidationsquote (§ 300 HGB.), Anfechtungsrecht (§ 271 HGB.) (vgl Gierke im Handwörterbuch der Rechtswissenschaft I. Band S. 96.)

Veräußerung ist das Kauf- und Tauschgeschäft.

Unter sonstiger Verfügung ist die Verpfändung usw. zu verstehen.

Bemerkt mag werden: die Ansicht des Vorstandes, daß das Rechtsgeschäft, das den Inhalt der Bindung bildet, nichtig ist, weil es gegen §§ 134, 138 BGB. verstößt, den Vorstand nicht der Pflicht enthebt, diese Bindungen aufzuzeigen.

Ueber Bindung mit Stimmkauf vgl. RGZ. Bd. 132 S. 33.

4. Der Genußschein ist im Handelsgesetzbuch nicht vorgesehen: er wird aber von der Praxis anerkannt. (Vgl. Komm. z. HGB. S. 315, 316.)

5. Die Vorschrift der Ziff. 5 ist von besonderer Bedeutung; weil sie die Aufdeckung aus der Bilanz nicht ersichtlicher Haftungsverhältnisse verlangt. Aufzuklären sind auch die Haftungen im Falle eines finanziellen Zusammenbruchs des Unternehmens, für das die AG. haftet. Zu den Haftungsverhältnissen zählen auch die streitigen, insbesondere im Prozesse befindlichen Haftungen. Die Tatsache, daß die AG. wegen der Haftung den Rückgriff auf eine dritte Person nehmen kann, stellt das betreffende Haftungsverhältnis nicht frei: auch über ein solches Verhältnis muß berichtet werden.

6. Gemäß Ziff. 6 sind die Belastungen der Gesellschaft aus ihrem Verhältnis zu Vorstand und Aufsichtsrat (auch zu Liquidatoren, § 298 Abs. 3) anzugeben, und zwar ohne Rücksicht auf ihre Benennung. Pensionen und Sitzungsgelder gehören zu den Bezügen.

7. Von größter Bedeutung für das Schicksal einer AG. kann auch ihre Zugehörigkeit zu einem Kartell oder einem Reverssystem sein.

Eine Aktiengesellschaft kann als solche ein Kartell sein: das Rheinisch-westfälische Kohlensyndikat ist eine Aktiengesellschaft (vgl. Flechtheim „Die rechtliche Organisation der Kartelle" S. 150). Beliebt ist diese Gesellschaftsform für die Bildung von Kartellen nicht; und zwar wegen der mit dieser Form verbundenen Publizität. Vorgezogen wird die GmbH., die Gesellschaft des bürgerlichen Rechts, der Verein. (Vgl. des Verf. Kommentar „Kartellrecht und Kartellgericht" 2. Aufl. S. 43.)

Die Aktien einer derartigen Kartellaktiengesellschaft sind naturgemäß in wenigen Händen und sie sind gebunden. Der Kartellcharakter ist allen Beteiligten bekannt. Trotzdem muß er in dem Geschäftsbericht klar dargelegt werden. Ist eine AG. als Syndikat Organ einer Gesellschaft des bürgerlichen Rechts (Doppelgesellschaft), so ist dieses Verhältnis gleichfalls immer wieder in den Geschäftsberichten zu offenbaren, auch wenn es den Mitgliedern der bürgerlich-rechtlichen Gesellschaft, denen die Aktien gehören, hinlänglich bekannt ist.

Die Bestimmung der Ziff. 5 trifft etwas anderes; nämlich den Fall, in dem ein als AG. gegründetes Unternehmen Mitglied eines Kartellverbandes ist. § 1 KVO. bestimmt:

„Verträge und Beschlüsse, welche Verpflichtungen über die Handhabung der Erzeugung oder des Absatzes, die Anwendung von Geschäftsbedingungen, die Art der Preisfestsetzung oder die Forderung von Preisen enthalten (Syndikaten, Kartellen, Konventionen und ähnliche Abmachungen), bedürfen der schriftlichen Form."

Man ist sich darüber einig, daß den eingeklammerten Begriffen nicht nur die Bedeutung von Beispielen zukommt, sondern daß nur die Verträge zwischen selbständigen Unternehmern, also Verbände, im Sinne der KVO. Kartelle sind (vgl. des Verfassers „Kartellrecht und Kartellgericht" S. 36).

Dem entspricht die VO., indem sie von preis- und absatzregelnden Verbänden, Konventionen und ähnlichen Verbindungen spricht: damit sind zunächst die echten Kartelle gemeint.

Hinzu kommen aber auch die sogenannten Reverssysteme. Nach der sogenannten neuen Kartellverordnung vom 26. Juli 1930 hat der Kartellbegriff eine bedeutsame Erweiterung erfahren. Gemäß § 1 Abs. 3 gelten

„als Verträge im Sinne des § 1 der Verordnung gegen Mißbrauch wirtschaftlicher Machtstellungen auch solche Verträge, durch die sich mehrere selbständige Unternehmungen, welche der gleichen Wirtschaftsstufe angehören, einzeln gegenüber anderen in bezug auf die Art der Preisfestsetzung oder die Forderung von Preisen zu einem bestimmten Verhalten verpflichten."

Damit sind die Reverssysteme gemeint, von denen der sogenannte Markenschutzverband, das Reverssystem der Zigarettenindustrie, der Buchhändlerbörsenverein in der Rechtsprechung besonders hervorgetreten sind. (Vgl. des Verfassers „Die neue Kartellverordnung" 1930 S. 14 ff.)

Der Entwurf (§ 110 Abs. 5 Ziff. 9) lautet anders. Er spricht nur von Syndikaten, Kartellen, Konventionen und ähnlichen Verbindungen.

Die Unterlassungspflichten, die sich aus derartigen Bindungen ergeben, sind wirtschaftlich von größter Bedeutung. Sie müssen ebenso dargelegt werden wie die Beteiligungsquoten der AG. bei Syndikaten. Belegt ein derartiges Syndikat die stillgelegten Werke mit Krediten, so muß diese Tatsache Erwähnung finden.

8. Der Aktionär, der einige Monate nach dem Abschluß des Geschäftsjahrs den Bericht kennenlernt, ist leicht geneigt, den Bilanzstichtag zu vergessen und ihn mit dem Tage des Geschäftsberichts zu identifizieren, was für seine Entschlüsse von hoher Bedeutung sein kann. Deshalb schreibt die VO. vor, daß Vorgänge von besonderer Bedeutung, die nach dem Ende des Geschäftsjahrs eingetreten sind, berichtet werden müssen. Es handelt sich dabei um Vorgänge innerhalb der Gesellschaft, aber auch solche außerhalb der Gesellschaft, die deren Schicksal unmittelbar oder mittelbar zu bestimmen geeignet sind.

Der zweite Absatz stellt den leitenden Grundsatz für die Art der Berichterstattung auf. Das Handelsgesetzbuch beschränkte sich darauf, einen Geschäftsbericht zu verlangen. Die VO., deren Mißtrauen gegen die Berichte wohlbegründet ist, verlangt

> eine Berichterstattung, die den Grundsätzen einer gewissenhaften und getreuen Rechenschaftsablegung entspricht.

Nun: zu einer gewissenhaften und getreuen Rechenschaftsablegung gehören zwei Eigenschaften: peinliche Sorgfalt und unbedingte Wahrheit. Der Geist, der in der Verschweigung und Verschleierung das Wohl erblickte, muß verschwinden. Die Vorschrift des Abs. 2 ist auch nicht nur als eine moralische Mahnung zu betrachten: hier wird ein Rechtssatz aufgestellt und seine Verletzung hat die Folgen des § 314 Abs. 1 Nr 1 HGB. mit dem Zusatz des Artikels IX.

Der zweite Satz gibt einen Rechtssatz objektiven Rechtes. Es handelt sich nicht darum, den grundlegenden Gedanken des ersten Satzes wieder umzuwerfen. Es ist nicht dem Ermessen des Vorstandes überlassen und nicht der Nachprüfung entzogen, ob gewisse Dinge unterdrückt werden sollen.

Vor allem: insofern § 260a positiv vorschreibt, was der Geschäftsbericht zu enthalten hat, scheidet Abs. 4 überhaupt aus Sind gebundene Aktien vorhanden, so müssen sie angegeben werden. Gehört die Gesellschaft einem Kartellverband an, so ist das zu berichten.

Nur auf das Mehr bezieht sich Abs. 4. Also: die besondere Art der Bindung der Aktien, die Einzelheiten des Kartells brauchen nicht mitgeteilt zu werden. Gewissenhaft muß die fragmentarische Berichterstattung immer sein; wahrheitsgetreu braucht sie nach Satz 2 nicht immer zu sein: d. h. sie darf nicht lügen; aber sie darf weglassen.

Sodann: die AG., deren Vorstand den Geschäftsbericht erstattet, gehört **nicht** zu den „beteiligten Gesellschaften". Der Entwurf lautet anders: „Sie kann nur insoweit unterbleiben, als das überwiegende Interesse der Gesellschaft ... es erfordert."

Hier gelten die von Staub zusammengestellten Grundsätze:

„Selbstverständlich muß das, was gesagt wird, der Wahrheit entsprechen. Ob die Darlegung der Gesellschaft nutzt oder schadet, ist hierbei vollständig auszuschalten (JW. 1900, 255). Die Pflicht zur Wahrheit muß ohne Rücksicht auf alle sonstigen Interessen erfüllt werden (RGStr. 49, 363). Auch Urteile („erfreuliches Ergebnis") müssen der Wahrheit entsprechen (RGStr. 38, 199) (12. Aufl. S. 1275)."

Nur: die VO. verlangt auch Angaben über Konzern- und abhängige Gesellschaften. Auf diese soll Rücksicht genommen werden, wenn das überwiegende Interesse der Konzerngesellschaft es erfordert. Das Interesse der Aktionäre der AG. muß also — objektiv betrachtet — leichter wiegen als der Schaden, den die Konzerngesellschaft durch die Mitteilung erleidet.

Die Mitteilung hat ferner zu unterbleiben, wenn das überwiegende Interesse der Allgemeinheit es erfordert. Das überwiegende Interesse der Allgemeinheit erfordert an sich eine gewissenhafte, getreue, lückenlose Berichterstattung. Besonders eine lückenlose ... nach dem Grundsatz: „Eine halbe Wahrheit ist eine ganze Lüge". Wann das überwiegende Interesse der Allgemeinheit das Gegenteil erfordert, ist schwer zu sagen.

Wie gesagt: nicht das subjektive Ermessen des Vorstandes entscheidet über die Ausnahme, sondern das objektive des Richters. Die Annahme des Vorstandes, das überwiegende Interesse der Konzerngesellschaft oder der Allgemeinheit läge vor, ist unerheblich. Erheblich ist: ob es wirklich vorlag und ob es vom objektiven Standpunkt anerkannt wird.

§ 260b

(1) Für die Aufstellung des Jahresabschlusses kommen, soweit nicht in den §§ 261 bis 261e ein anderes bestimmt ist, die Vorschriften des Vierten Abschnitts des Ersten Buches[1]) und im übrigen die Grundsätze ordnungsmäßiger Buchführung[2]) und Bilanzierung[3]) zur Anwendung.

(2) Der Jahresabschluß ist so klar und übersichtlich aufzustellen, daß er den Beteiligten einen möglichst sicheren Einblick in die Lage der Gesellschaft gewährt[1]).

1. §§ 39—42 HGB. lauten:

§ 39.

Jeder Kaufmann hat bei dem Beginne seines Handelsgewerbes seine Grundstücke, seine Forderungen und Schulden, den Betrag seines baren Geldes und seine sonstigen Vermögensgegenstände genau zu verzeichnen, dabei den Wert der einzelnen Vermögensgegenstände anzugeben und einen das Verhältnis des Vermögens und der Schulden darstellenden Abschluß zu machen.

Er hat demnächst für den Schluß eines jeden Geschäftsjahres ein solches Inventar und eine solche Bilanz aufzustellen; die Dauer des Geschäftsjahres darf zwölf Monate nicht überschreiten. Die Aufstellung des Inventars und der Bilanz ist innerhalb der einem ordnungsmäßigen Geschäftsgang entsprechenden Zeit zu bewirken.

Hat der Kaufmann ein Warenlager, bei dem nach der Beschaffenheit des Geschäfts die Aufnahme des Inventars nicht füglich in jedem Jahre geschehen kann, so genügt es, wenn sie alle zwei Jahre erfolgt. Die Verpflichtung zur jährlichen Aufstellung der Bilanz wird hierdurch nicht berührt.

§ 40.

Die Bilanz ist in Reichswährung aufzustellen. Bei der Aufstellung des Inventars und der Bilanz sind sämtliche Vermögensgegenstände und Schulden nach dem Werte anzusetzen, der ihnen in dem Zeitpunkte beizulegen ist, für welchen die Aufstellung stattfindet.

Zweifelhafte Forderungen sind nach ihrem wahrscheinlicher Werte anzusetzen, uneinbringliche Forderungen abzuschreiben.

§ 41.

Das Inventar und die Bilanz sind von dem Kaufmanne zu unterzeichnen. Sind mehrere persönlich haftende Gesellschafter vorhanden, so haben sie alle zu unterzeichnen.

Das Inventar und die Bilanz können in ein dazu bestimmtes Buch eingeschrieben oder jedesmal besonders aufgestellt werden. Im letzteren Falle sind sie zu sammeln und in zusammenhängender Reihenfolge geordnet aufzubewahren.

§ 42.

Unberührt bleibt bei einem Unternehmen des Reichs, eines Bundesstaats oder eines inländischen Kommunalverbandes die Befugnis der Verwaltung, die Rechnungsabschlüsse in einer von den Vorschriften der §§ 39 bis 41 abweichenden Weise vorzunehmen.

2. Die Grundsätze ordnungsmäßiger Buchführung geben die §§ 38, 43, 44 HGB.:

§ 38.

Jeder Kaufmann ist verpflichtet, Bücher zu führen und in diesen seine Handelsgeschäfte und die Lage seines Vermögens nach den Grundsätzen ordnungsmäßiger Buchführung ersichtlich zu machen.

Er ist verpflichtet, eine Abschrift (Kopie oder Abdruck) der abgesendeten Handelsbriefe zurückzubehalten und diese Abschriften sowie die empfangenen Handelsbriefe geordnet aufzubewahren.

§ 43.

Bei der Prüfung der Handelsbücher und bei den sonst erforderlichen Aufzeichnungen hat sich der Kaufmann einer lebenden Sprache und der Schriftzeichen einer solchen zu bedienen.

Die Bücher sollen gebunden und Blatt für Blatt oder Seite für Seite mit fortlaufenden Zahlen versehen sein. An Stellen, die in der Regel noch zu beschreiben sind, dürfen keine leeren Zwischenräume gelassen werden, der ursprüngliche Inhalt einer Eintragung darf nicht mittels Durchstreichens oder auf andere Weise unleserlich gemacht, es darf nicht radiert, auch dürfen solche Veränderungen nicht vorgenommen werden, deren Beschaffenheit es ungewiß läßt, ob sie bei der ursprünglichen Eintragung oder erst später gemacht worden sind.

§ 44.

Die Kaufleute sind verpflichtet, ihre Handelsbücher bis zum Ablaufe von zehn Jahren, von dem Tage der darin vorgenommenen letzten Eintragung an gerechnet, aufzubewahren.

2. Die Grundsätze ordentlicher Bilanzierung sind in den zu Anm. 1 wiedergegebenen Vorschriften, in den folgenden Bestimmungen der VO. sowie in überlieferten kaufmännischen Auffassungen enthalten.

3. Hier wird der Grundsatz der Bilanzklarheit zum Ausdruck gebracht. (§ 314 Ziff. 1 HGB.)

3. Der § 261 des Handelsgesetzbuchs ist in folgender Fassung anzuwenden:

§ 261

Für den Ansatz der einzelnen Posten der Jahresbilanz gelten folgende Vorschriften:

1. Anlagen[1]) und andere Vermögensgegenstände[2]), die dauernd zum Geschäftsbetriebe der Gesellschaft bestimmt sind, dürfen ohne Rücksicht auf einen geringeren Wert zu den Anschaffungs- oder Herstellungskosten angesetzt werden[3]), wenn der Anteil an dem etwaigen Wertverlust[4]), der sich bei seiner Verteilung auf die mutmaßliche Gesamtdauer der Verwendung oder Nutzung für den einzelnen Bilanzabschnitt ergibt, in Abzug oder in der Form von Wertberichtigungskonten in Ansatz gebracht wird. Bei der Berechnung der Herstellungskosten dürfen im angemessenen Umfang Abschreibungen berücksichtigt und angemessene Anteile an den Betriebs- und Verwaltungskosten[5]) eingerechnet werden, die auf den Zeitraum der Herstellung entfallen; Vertriebskosten gelten hierbei nicht als Bestandteile der Betriebs- und Verwaltungskosten.

   Wertpapiere, die dauernd zum Geschäftsbetriebe der Gesellschaft bestimmt sind, dürfen ohne Rücksicht auf einen geringeren Wert zu den Anschaffungskosten angesetzt werden, soweit nicht die Grundsätze ordnungsmäßiger Buchführung Abschreibungen auf die Anschaffungskosten erforderlich machen[6]).

2. Wertpapiere und andere Vermögensgegenstände, die nicht dauernd zum Geschäftsbetriebe der Gesellschaft bestimmt sind, sowie Waren und eigene Aktien der Gesellschaft dürfen höchstens zu den Anschaffungs- oder Herstellungskosten angesetzt werden. Bei der Berechnung der Herstellungskosten findet die Vorschrift der Nr. 1 Abs. 1 Satz 2 Anwendung.

   Sind die Anschaffungs- oder Herstellungskosten höher als der Börsen- oder Marktpreis am Bilanzstichtage, so ist höchstens dieser Börsen- oder Marktpreis anzusetzen.

   Uebersteigen die Anschaffungs- oder Herstellungskosten, falls ein Börsen- oder Marktpreis nicht festzustellen ist, den Wert, der den Gegenständen am

Bilanzstichtage beizulegen ist, so ist höchstens dieser Wert anzusetzen[7]).

3. **Die Kosten der Gründung und der Kapitalerhöhung dürfen nicht als Aktiven eingesetzt werden[8]).**
4. **Für den Geschäfts- oder Firmenwert darf ein Posten unter die Aktiven nicht eingesetzt werden. Uebersteigt jedoch die für die Uebernahme eines Unternehmens bewirkte Gegenleistung die Werte der einzelnen Vermögensgegenstände des Unternehmens im Zeitpunkt der Uebernahme, so darf der Unterschied gesondert unter die Aktiven aufgenommen werden. Der eingesetzte Aktivposten ist durch angemessene jährliche Abschreibungen zu tilgen[9]).**
5. **Anleihen der Gesellschaft sind mit ihrem Rückzahlungsbetrag unter die Passiven aufzunehmen. Ist der Rückzahlungsbetrag höher als der Ausgabepreis, so darf der Unterschied gesondert unter die Aktiven aufgenommen werden. Der eingesetzte Aktivposten ist durch jährliche Abschreibungen zu tilgen, die auf die gesamte Laufzeit der Anleihe verteilt werden dürfen.**
6. **Der Betrag des Grundkapitals ist unter die Passiven zum Nennbetrag einzusetzen[10]).**

1. Ziff. 3 des § 261 HGB. lautet:

„Anlagen und sonstige Gegenstände, die nicht zur Weiterveräußerung, vielmehr dauernd zum Geschäftsbetriebe der Gesellschaft bestimmt sind, dürfen ohne Rücksicht auf einen geringeren Wert zu dem Anschaffungs- oder Herstellungspreis angesetzt werden, sofern ein der Abnutzung gleichkommender Betrag in Abzug gebracht oder ein ihr entsprechender Erneuerungsfonds in Ansatz gebracht wird."

Ziff. 1 des § 261 in neuer Fassung hält an dem Grundsatz fest, daß Anlagen und andere Vermögensgegenstände (mit Ausnahme der Wertpapiere und der Anleihen) zu den Anschaffungs- oder Herstellungskosten angesetzt werden können — mit gewissen Beschränkungen.

2. Unter Anlagen sind körperliche bewegliche und unbewegliche Gegenstände zu verstehen (Staub l. c. S. 875); selbstverständlich nicht „Materialien und Warenvorräte" (Staub l. c. S. 1106).

Andere Vermögensgegenstände sind z. B. Patente, Urheberrechte, Verlagsrechte. (S § 261a Abs. 1 A II.)

3. Entgegen dem Grundsatz der Wahrheit der Bilanz, die ja einen bestimmten Zeitpunkt trifft, braucht hier nicht der wirkliche Wert angegeben zu werden. Ist nämlich dieser Wert geringer als der Anschaffungs- und Herstellungspreis, dann darf (nicht „muß") der letzte angegeben werden.

Ob diese Vorschrift den Bedürfnissen der Zeit, aus der die VO. entstanden ist, gerecht wird, kann mit Recht bezweifelt werden.

Voraussetzung ist, daß die Anschaffungs- oder Herstellungskosten überhaupt festzustellen sind.

Beispiele: Ein Verlag, der eine Aktiengesellschaft ist, schließt mit Autoren Verlagsverträge gegen prozentuale Beteiligung am verkauften Exemplar ab und erwirbt so das Verlagsrecht. Was sind hier Anschaffungs- oder Herstellungskosten? Anders, wenn die AG. von dem Autor das Verlagsrecht gegen eine Summe kauft.

Wird im Betriebe einer AG. eine Erfindung gemacht, die patentiert wird, — was sind hier Herstellungskosten? Man kann die Versuchskosten hierherrechnen. RG. beim Holdheim 13. 160 zit. bei Staub l. c. S. 1105.)

Wird ein Film von einer AG. hergestellt, dann sind die Ausgaben für Manuskript, Regie, Schauspieler, Operateur, Architekt, Atelier, Material, Reisen zu Aufnahmen usw. Herstellungskosten. Sie können in die Hunderttausende und Millionen gehen. Wie gefährlich der Grundsatz der VO. ist, zeigt gerade der Fall des Films. Ein solcher Film kann völlig wertlos sein. Z. B. wenn er von der Zensur verboten wird oder er keine Abnehmer findet. Dann ist das Negativ ein durch die Photographie entwerteter Zelluloidstreifen, steht aber vielleicht mit 500 000 RM. in der Bilanz. Er ist dauernd zum Geschäftsbetrieb der Gesellschaft bestimmt, es sei denn, daß die Gesellschaft das Urheberrecht nebst Negativ en bloc verkauft. Durch den Aktivposten wird die Bilanz einfach falsch.

4. Einen Ausgleich bringt der Bedingungssatz; dieser Ausgleich ist jedoch — wie der erwähnte Fall zeigt — ungenügend.

5. Die Streitfrage, ob Betriebs- und Verwaltungskosten als Herstellungskosten eingerechnet werden können, wird in positivem Sinn entschieden. Verwaltungskosten sind im übrigen als Aufwendungen in die Gewinn- und Verlustrechnung einzusetzen (E S. 114). Vertriebskosten gelten allerdings nicht als Betriebs- und Verwaltungskosten. Die Verleihspesen darf also der Filmfabrikant (die AG.) nicht einstellen. Daß nur die auf den Bilanzabschnitt entfallenden Kosten einzuberechnen sind, ist selbstverständlich; wird aber zur Deutlichkeit ausdrücklich gesagt

6. Hinsichtlich der **Wertpapiere** ist eine besondere Regelung getroffen. Es gibt Wertpapiere, die dauernd zum Geschäftsbetriebe der Gesellschaft gehören: z. B. Aktien an einem Konzernunternehmen. Trotz dem Absinken der Kurse in dieser Krisenzeit dürfen diese Wertpapiere zu den Anschaffungskosten eingesetzt werden. Allerdings wird man gerade heute sagen müssen, daß der gegenwärtige Kursstand, dessen Erholung mehr als zweifelhaft ist, Abschreibungen erforderlich macht, die so weit gehen müssen, daß der wirkliche Wert zum Vorschein kommt — Ausnahmen zugelassen. Hier muß wieder auf die Vorschrift des § 314 Ziff. 1 HGB. verwiesen werden.

Eine besondere Bewertung der **Dividendenscheine** ist unzulässig. (So Staub l. c. S. 1104.) Gemäß RGZ. Bd. 83 S. 172 darf eine AG., die sämtliche Anteile einer andern Gesellschaft besitzt, die Aufwendungen für diese Gesellschaft einrechnen. (Zit. bei Staub l. c. S. 1104.)

7. Ziff. 2 entspricht der Ziff. 1 des § 261 alter Fassung mit gewissen Aenderungen: hier bricht sich der Grundsatz der Bilanzwahrheit Bahn. Anzusetzen ist der Börsen- oder Marktpreis am Bilanzstichtage; wenn Anschaffungs- oder Herstellungskosten höher sind, was bei Wertpapieren heute ausnahmslos zutreffen wird.

8. Ziff. 3 bringt nichts Neues. Zu den Gründungs- und Kapitalserhöhungskosten gehören Notariatsgebühren, Stempel, Provisionen, Entschädigungen. (Vgl. Staub l. c. S. 1107.)

9. Ziff. 4 behandelt den Geschäfts- oder Firmenwert für die Bilanz. Der Geschäfts- oder Firmenwert kann in sehr bedeutendem Maße den Wert der einzelnen Vermögensgegenstände übersteigen. Die mit dem Geschäft erworbene Firma durfte aktiviert werden. (Urteile bei Staub S. 1097: RG. JW. 01 S. 653, 1911 S. 121; LZ. 1915 S. 231.) Die VO. verbietet das und macht nur eine Ausnahme bei von Dritten übernommenen Unternehmen.

Ueber die Bewertung von Warenzeichen („4711") sagt die VO nichts. Gemäß § 261a Abs. 1 A II sind Marken- und ähnliche Rechte auf der Seite der Aktiven einzusetzen. Wie hoch, darüber entscheidet § 40 Abs. 2. Der Wert muß geschätzt werden.

10. Ziff. 6 stellt klar, daß der Nennbetrag des Grundkapitals unter die Passiven einzusetzen ist, also nicht nur der eingezahlte Betrag.

§ 261 sagt nichts über Unterbewertungen (**stille Reserven**). Diese stillen Reserven gehören zu den Mitteln der Verwaltungen, die Rechte der Aktionäre zu brüskieren. Unterstützt wurden diese Verwaltungen durch die juristische Wissenschaft, die hier ganz bewußt gegen einen reinen fundamentalen Grundsatz des Gesetzes arbeitete. So schreibt der führende Staubsche Kommentar: „Bisher ist die Stellung derartiger stillen Reserven als volkswirtschaftlich vorteilhaft und anerkennenswert fast einstimmig angesehen worden. (NB.: Einstimmig angesehen!) Sie ist die Reaktion gegen den Grundsatz des Gesetzes, daß an sich aller Gewinn verteilt werden müsse, ein Grundsatz, der für das Fortbestehen großer Gesellschaften die schwersten Gefahren in sich birgt." Eine Wissenschaft, die das Gesetz gegen das Gesetz auslegt, ist höchst unmoralisch: erzieht sie doch zum Ungehorsam. Sie entzieht sich den Boden. Und wenn man die wissenschaftliche Rechtfertigung liest: „Formell ist dagegen, daß die Reserven in versteckter Form gestellt werden, also in der Bilanz nicht in Erscheinung treten, nichts zu sagen; es gibt keine Vorschrift, die Sichtbarmachen von Abschreibungen vorschreibt", so verliert man vollendes den Geschmack an dieser vielgepriesenen Sorte der „Wissenschaft" und wendet sich ab, wenn man dann „Bilanzklarheit" fettgedruckt liest. Der gemeingefährliche Charakter dieser Predigt enthüllt sich in unseren Tagen. Haben denn die stillen Reserven unsere großen Gesellschaften gerettet? Ein Blick auf den Kurszettel beweist das Gegenteil: der Kurs unserer großen und größten Gesellschaften bewegt sich derart tief unter Pari, daß er auf den Nullpunkt zusteuert. Und jetzt wäre doch der Zeitpunkt, in dem die stillen Reserven ihre erhaltende Kraft zu erweisen hätten. Was haben sie bewirkt: neben Vorratsaktien, Stimmrechtsaktien, neben den „Verflechtungen" usw. usw. haben sie den Aktienmarkt verwüstet . . . derart, daß auf ihm überhaupt kein Geld mehr zu beschaffen ist.

Die Rechtsprechung des RG. hat die Frage meist unter dem Gesichtspunkt des § 271 HGB. geprüft. (RGZ. Bd. 72 S. 33; Bd. 105 S. 40.) Tatsächlich lag eine unwahre Darstellung und eine Verschleierung vor. (§ 314 HGB.) Tatsächlich widersprachen diese stillen Reserven den Bilanzvorschriften. Die falsche Argumentation, es fehle eine Verbotsvorschrift, muß vor der richtigen weichen, daß nämlich eine Vorschrift fehlt, die Derartiges erlaubt. Die Entscheidung des RGZ. Bd. 94 S. 214 sagt das unzweideutig: „Beim Fehlen einer Bestimmung des Gesellschaftsvertrages darf der Anspruch des einzelnen Gesellschafters auf den Jahresgewinn nicht durch die willkürliche Minderbewertung von Vermögensgegenständen vereitelt oder geschmälert werden. (Vgl. RG. i. d. Z. f. AktGes. Bd. 24 S. 139) . . . so mag es vom Standpunkt einer vorsichtigen Geschäftsführung aus zweckmäßig, ja vielleicht im Interesse der Erhaltung des Unternehmens geradezu notwendig gewesen sein, aus dem Reingewinn des Jahres 1915 in Höhe von 111 000 M. eine Rücklage zu bilden, statt den Betrag unter die Gesellschafter zu verteilen. Das alles hat jedoch mit der Bewertung der vorhandenen Vermögensgegenstände nach dem Stande vom 31. Dezember 1915 nichts zu tun. Vielmehr ergibt die eigene Darstellung der Beklagten, daß die Sonderabschreibung der 111 000 M. lediglich zur Deckung künftiger Betriebsaufwendungen, Anschaffungskosten oder Geschäftsverluste dienen sollte. Dieser Verwendung des Reingewinns hat die Klägerin mit Recht widersprochen." Und so liegt es auch ganz eindeutig nach der VO. Wie zu bewerten ist, sagt § 261 in der neuen Fassung ganz genau, der Wortlaut läßt keinen Raum für andere Bewertungen als die vorgeschriebenen. Hinzu kommt die Vorschrift des § 261a Abs. 1 B II, nach der 1. die gesetzlichen Reservefonds, 2. andere Reservefonds auf der Seite der Passiven erscheinen müssen. Stille, also versteckte Reserven, sind auch unvereinbar mit dem Grundsatz des § 260 Abs. 4: „Die Berichterstattung hat den Grundsätzen einer gewissenhaften und getreuen Rechenschaftsablegung zu entsprechen" und dem Grundsatz des § 260 b, daß die Grundsätze ordnungsmäßiger Bilanzierung zur Anwendung kommen. „Zu Gunsten des Unternehmens" kann nichts mehr versteckt werden; nur noch zugunsten der Allgemeinheit und einer Konzerngesellschaft, im Falle des „überwiegenden Interesses". Ein Generalversammlungsbeschluß, der „stille Reserven" genehmigt, ist gemäß den §§ 134, 138, 826 BGB. nichtig. Es handelt sich hier um die Verletzung zwingender, im öffentlichen Interesse gegebener Vorschriften, auf deren Einhaltung die Beteiligten nicht verzichten können. (RGZ. Bd. 118 S 71, 72.)

Die Motive zum Entwurf des Aktiengesetzes stehen auf einem andern Standpunkt. „Der Entwurf unterbindet die Bildung und Auflösung stiller Reserven nicht." (S. 112.) Er meint, es könne Mißbrauch getrieben werden, aber das genüge nicht, um ein Verbot auszusprechen. Darum handelt es sich gar nicht. Es handelt sich um klare oder verschleierte Bilanzierung! Da dieser Grund nicht geht, muß ein zweiter herhalten, den man in den Motiven zu einem Gesetz gern vermißt hätte: die Wertansätze beruhten auf Schätzung. Das ist Dialektik. Es handelt sich nicht um kaufmännisch vorsichtige Schätzungen, sondern um Minderbewertungen. Und die Bewegung richtet sich nicht gegen kaufmännische Vorsicht, sondern gegen falsche Bilanzierung zum Schaden der dividendenberechtigten Aktionäre, welche die ungeheure Vertrauenskrise heraufbeschworen hat. Und solange man duldet, daß die AG. in diesem Punkte falsch bilanziert, entwertet man und unterhöhlt man die neuen Vorschriften, die der Wahrheit dienen, überhaupt.

4. Hinter § 261 des Handelsgesetzbuchs sind als §§ 261 a bis e folgende Vorschriften einzufügen:

§ 261 a[1])

(1) In der Jahresbilanz sind, soweit nicht der Geschäftszweig der Gesellschaft eine abweichende Gliederung bedingt, unbeschadet einer weiteren Gliederung folgende Posten gesondert auszuweisen:

A. Auf der Seite der Aktiven:

I. Rückständige Einlagen auf das Grundkapital.

II. Anlagevermögen.

1. Grundstücke ohne Berücksichtigung von Baulichkeiten;

2. Gebäude;

a) Geschäfts- und Wohngebäude,

b) Fabrikgebäude und andere Baulichkeiten;

3. Maschinen und maschinelle Anlagen;

4. Werkzeuge, Betriebs- und Geschäftsinventar;

5. Konzessionen, Patente, Lizenzen, Marken- und ähnliche Rechte[2]).

III. Beteiligungen[3]) einschließlich der zur Beteiligung bestimmten Wertpapiere. Aktien einer Gesellschaft, deren Nennbeträge insgesamt den vierten Teil des Grundkapitals dieser Gesellschaft erreichen, sowie Kuxe einer bergrechtlichen Gewerkschaft, deren Zahl insgesamt den vierten Teil der Kuxe dieser Gewerkschaft erreicht, gelten im Zweifel als zur Beteiligung bestimmt.

IV. Umlaufsvermögen.

1. Roh-, Hilfs- und Betriebsstoffe;

2. halbfertige Erzeugnisse;

3. fertige Erzeugnisse, Waren;

4. Wertpapiere, soweit sie nicht unter III oder IV Nr. 5, 11 oder 12 aufzuführen sind;

5. der Gesellschaft gehörige eigene Aktien unter Angabe ihres Nennbetrags;

6. der Gesellschaft zustehende Hypotheken, Grundschulden und Rentenschulden;
7. von der Gesellschaft geleistete Anzahlungen;
8. Forderungen auf Grund von Warenlieferungen und Leistungen;
9. Forderungen an abhängige Gesellschaften und Konzerngesellschaften;
10. Forderungen an Mitglieder des Vorstandes oder an gesetzliche Vertreter eines von der Gesellschaft abhängigen Unternehmens oder eines Unternehmens, von dem die Gesellschaft, der die Forderung zusteht, abhängt, sowie an den Ehegatten oder ein minderjähriges Kind dieser Personen sowie an einen Dritten, der für Rechnung einer dieser Personen handelt;
11. Wechsel;
12. Schecks;
13. Kassenbestand einschließlich Guthaben bei Notenbanken und Postscheckguthaben;
14. andere Bankguthaben.

V. Posten, die der Rechnungsabgrenzung dienen.

B. Auf der Seite der Passiven:

I. Grundkapital; die Gesamtnennbeträge der Vorzugsaktien jeder Gattung sind gesondert anzugeben; sind Aktien ausgegeben, denen ein höheres Stimmrecht beigelegt ist als den Aktien einer anderen Gattung oder die durch eine ihren Nennbeträgen nicht entsprechende Abstufung des Stimmrechts vor den Aktien einer anderen Gattung bevorzugt sind (Stimmrechtsaktien), so ist außerdem die Gesamtstimmenzahl der Stimmrechtsaktien und der im Stimmrecht nicht bevorzugten Aktien zu vermerken.

II. Reservefonds.
1. Gesetzlicher Reservefonds;
2. andere Reservefonds.

III. Rückstellungen.

IV. Wertberichtigungsposten.

V. Verbindlichkeiten.

1. **Anleihen der Gesellschaft unter Anführung ihrer etwaigen hypothekarischen Sicherung;**
2. **auf Grundstücken der Gesellschaft lastende Hypotheken, soweit sie nicht Sicherungshypotheken sind oder zur Sicherung von Anleihen dienen, Grundschulden und Rentenschulden;**
3. **Anzahlungen von Kunden;**
4. **Verbindlichkeiten auf Grund von Warenlieferungen und Leistungen;**
5. **Verbindlichkeiten gegenüber abhängigen Gesellschaften und Konzerngesellschaften;**
6. **Verbindlichkeiten aus der Annahme von gezogenen Wechseln und der Ausstellung eigener Wechsel;**
7. **Verbindlichkeiten gegenüber Banken.**

VI. Posten, die der Rechnungsabgrenzung dienen.

(2) Der Reingewinn oder Reinverlust des Jahres ist am Schlusse der Bilanz ungeteilt und vom vorjährigen Gewinn- oder Verlustvortrage gesondert auszuweisen.

(3) Beim Anlagevermögen und bei den Beteiligungen sind die auf die einzelnen Posten entfallenden Zu- und Abgänge gesondert aufzuführen. Die Verrechnung von Forderungen mit Verbindlichkeiten ist unzulässig; Entsprechendes gilt für Grundstücksrechte und -belastungen, denen eine persönliche Forderung nicht zugrunde liegt. Die Beträge der Reservefonds, der Rückstellungen und der Wertberichtigungsposten dürfen nicht unter den Verbindlichkeiten der Gesellschaft aufgeführt werden. Fallen Forderungen oder Verbindlichkeiten unter mehrere Posten, so ist bei dem Posten, unter dem sie ausgewiesen werden, die Mitzugehörigkeit zu den anderen Posten zu vermerken, soweit dies zur klaren und übersichtlichen Bilanzierung erforderlich ist. Der Gesellschaft gehörige eigene Aktien dürfen nicht unter anderen Posten aufgeführt werden[4]).

1. Die Vorschrift bringt die Bilanzgliederung: in Aktiven und Passiven; in rückständige Einlagen auf das Grundkapital, Anlagevermögen, Beteiligungen, Umlaufsvermögen auf der Aktivseite; in Grundkapital, Reservefonds, Rückstellungen, Wertberichtigungsposten, Schulden auf der Passivseite.

Diese Gliederung ist innezuhalten: die Vorschrift ist imperativ. Zulässig ist eine weitere Gliederung, die dort geboten sein wird, wo es die Klarheit verlangt.

Zulässig ist eine abweichende Gliederung, aber nur dort, wo der Geschäftszweig der Gesellschaft sie bedingt.

Nach § 261d wird die Reichsregierung ermächtigt,

> für die Aufstellung des Jahresabschlusses Formblätter mit der Maßgabe vorzuschreiben, daß die Bilanz und die Gewinn- und Verlustrechnung statt nach den Vorschriften der §§ 261a bis 261c nach diesen Formblättern zu gliedern sind.

Eine Abweichung von den Bilanzgliederungsvorschriften hat nicht zur Folge, daß der Generalversammlungsbeschluß, der eine solche Bilanz genehmigt, angefochten werden kann (§ 261e). Wohl aber kann darin ein Verstoß gegen § 314 Ziff. 1 HGB. liegen.

2. Zu den Konzessionen zählen solche aller Art, z. B. die Theaterkonzession gemäß § 32 ReichsGewO.

Zu den ähnlichen Rechten zählen Urheberrecht und Verlagsrecht.

3. Dem Aktivposten „Beteiligungen" entspricht auf der Passivseite der Posten „Verbindlichkeiten" gegenüber abhängigen Gesellschaften und Konzerngesellschaften.

Zu den Beteiligungen gehören die zur Beteiligung bestimmten Wertpapiere.

Um nun keinen Zweifel darüber zu lassen, wann Wertpapiere zur Beteiligung bestimmt sind, stellt die VO. eine Vermutung auf, die jedoch entkräftet werden kann („Im Zweifel").

Das Beteiligungskonto bedarf besonders sorgfältiger Behandlung in der Bilanz wie im Geschäftsbericht: die Bewertung hängt von der Bonität der Gesellschaft ab, an der die AG. beteiligt ist. Diese Beteiligungen so lange voll einzusetzen, als nicht der Konkurs eröffnet ist, geht nicht an.

In der Gewinn- und Verlustrechnung sind die Erträge aus Beteiligungen auszuweisen. (§ 261c Abs. 1 II 2.)

4. Die Aufrechnung ist untersagt; desgleichen dürfen passive und aktive Grundstücksbelastungen nicht verrechnet werden. Damit ist ein beliebtes Mittel der Bilanzverschleierung zunichte geworden.

§ 261b

Verbindlichkeiten aus Bürgschaften, Wechsel- und Scheckbürgschaften sowie aus Garantieverträgen sind, auch wenn

ihnen gleichwertige Rückgriffsforderungen gegenüberstehen, in voller Höhe in der Bilanz zu vermerken[1]).

1. Lex Favag.

2. Die Nichtbeachtung dieser Vorschrift begründet nicht die Anfechtungsklage gemäß § 271 HGB. (§ 261e).

§ 261c

(1) **In der Gewinn- und Verlustrechnung sind, soweit nicht der Geschäftszweig der Gesellschaft eine abweichende Gliederung bedingt**[1]), **unbeschadet einer weiteren Gliederung folgende Posten gesondert auszuweisen:**

I. **Auf der Seite der Aufwendungen:**

1. **Löhne und Gehälter;**
2. **soziale Abgaben;**
3. **Abschreibungen auf Anlagen;**
4. **andere Abschreibungen;**
5. **Zinsen, soweit sie die Ertragszinsen übersteigen;**
6. **Besitzsteuern der Gesellschaft;**
7. **alle übrigen Aufwendungen mit Ausnahme der Aufwendungen für Roh-, Hilfs- und Betriebsstoffe, bei Handelsbetrieben mit Ausnahme der Aufwendungen für die bezogenen Waren.**

II. **Auf der Seite der Erträge:**

1. **Der Betrag, der sich nach Abzug der Aufwendungen für Roh-, Hilfs- und Betriebsstoffe, bei Handelsbetrieben nach Abzug der Aufwendungen für die bezogenen Waren, sowie nach Abzug der unter 2 bis 5 gesondert auszuweisenden Erträge ergibt**[2]);
2. **Erträge aus Beteiligungen;**
3. **Zinsen, soweit sie die Aufwandszinsen übersteigen, und sonstige Kapitalerträge;**
4. **außerordentliche Erträge;**
5. **außerordentliche Zuwendungen.**

(2) **Der Reingewinn oder Reinverlust des Jahres ist am Schlusse der Gewinn- und Verlustrechnung ungeteilt und vom vorjährigen Gewinn- oder Verlustvortrage gesondert auszuweisen**[3]).

1. Vgl. § 261a Anm. 1.

2. Die VO. unterscheidet sich vom Entwurf, der diese Ziff. 1 im § 115 nicht enthält.

3. Der Entwurf hat noch einen dritten Absatz:

„Wird der buchmäßige Gewinn, der sich aus der Herabsetzung des Grundkapitals ergibt, zu Abschreibungen oder Rückstellungen verwendet, so sind die einzelnen Beträge der bewirkten Abschreibungen oder Rückstellungen gesondert auszuweisen."

§ 261d

Die Reichsregierung wird ermächtigt,

1. **für die Aufstellung des Jahresabschlusses Formblätter mit der Maßgabe vorzuschreiben, daß die Bilanz und die Gewinn- und Verlustrechnung statt nach den Vorschriften der §§ 261a bis 261c nach diesen Formblättern zu gliedern sind;**
2. **für Konzerngesellschaften des eigenen und über die Aufstellung des eigenen und über die Aufstellung eines gemeinschaftlichen Jahresabschlusses zu erlassen**[1]).

1. Die Motive zum Entwurf meinen: „Zur Zeit sind die Voraussetzungen für den Erlaß entsprechender Vorschriften noch nicht gegeben, da bewährte Grundsätze für die Aufstellung von Konzernbilanzen sich noch nicht herausgebildet haben. Angesichts der zunehmenden Verflechtung der Wirtschaft kann sich aber in naher Zukunft die Notwendigkeit und bei der schnellen Entwicklung der betriebswirtschaftlichen Lehren auch die Möglichkeit ergeben, Bilanzvorschriften für Konzerne zu treffen." (S. 115.)

Demgegenüber könnte man sagen, daß die Verflechtung seit Jahren bereits so ist, daß sie weiter gar nicht fortschreiten kann; daß die Notwendigkeit zur Konzern b i l a n z in der Vergangenheit und in der Gegenwart sich ergeben hat und ergibt, und daß es besser wäre, die letzten Reste von Vertrauen zu retten als auf die schnelle Entwicklung betriebswirtschaftlicher Lehren zu warten. Das Vermögen der Konzerngesellschaften ist wirtschaftlich Eines. Und wer kann heute an Verschleierung noch ein Interesse haben? Ein schutzwürdiges Interesse!

§ 261e

Auf eine Verletzung der Vorschriften der §§ 261a bis 261c sowie auf eine Nichtbeachtung von Formblättern, nach denen die Bilanz und die Gewinn- und Verlustrechnung zu

gliedern sind, kann eine Anfechtung (§ 271) nicht gegründet werden[1]).

1. Diese Vorschrift, die dem in der Oeffentlichkeit ausgesprochenen Mißtrauen gegen die Verordnung Nahrung trägt, ist im Entwurf nicht enthalten. „Die Einhaltung der Bilanzvorschriften wird wie nach geltendem Recht in erster Reihe dadurch gewährleistet, daß ein Beschluß, der einen rechtswidrig aufgestellten Jahresabschluß genehmigt, wegen Verletzung des Gesetzes angefochten werden kann." (E. S. 115.)

Hoffentlich wird sich die Rechtsprechung nicht hindern lassen, die §§ 138, 134, 826 BGB. und §§ 314 Ziff. 1 HGB., 263 StGB. im Zusammenhang mit § 823 BGB. anzuwenden.

Gegenüber der unverständlichen Benachteiligung des Aktionärs durch § 261c bildet das Institut der Bilanzprüfung einen gewissen Ausgleich.

Artikel VI

Hinter § 262 des Handelsgesetzbuches sind als §§ 262a bis g folgende Vorschriften einzufügen:

§ 262a

(1) Der Jahresabschluß der Gesellschaft ist unter Einbeziehung der zugrunde liegenden Buchführung und des Geschäftsberichts durch einen oder mehrere sachverständige Prüfer (Bilanzprüfer) zu prüfen, bevor der Jahresabschluß der Generalversammlung zur Beschlußfassung vorgelegt wird.

(2) Die Bilanzprüfung darf sich nicht darauf beschränken, ob der Jahresabschluß äußerlich sachgemäß aufgestellt ist und mit der Inventur und den Geschäftsbüchern übereinstimmt, sondern hat sich auch auf die Anwendung der Vorschriften der §§ 260, 260a und b, § 261, §§ 261a bis e, § 262 zu erstrecken.

§ 262b

(1) Die Bilanzprüfer werden von der Generalversammlung gewählt; die Wahl soll vor dem Ablauf jedes Geschäftsjahres erfolgen. Der Vorstand hat den gewählten Bilanzprüfern den Prüfungsantrag zu erteilen.

(2) Der Vorstand, der Aufsichtsrat oder eine Minderheit, deren Anteile den zehnten Teil des Grundkapitals erreichen,

sind berechtigt, im Interesse der Gesellschaft gegen die Auswahl der Bilanzprüfer zum Protokoll der Generalversammlung Widerspruch zu erheben. Der Widerspruch der Minderheit ist nur zu berücksichtigen, wenn glaubhaft gemacht wird, daß die die Minderheit bildenden Aktionäre seit mindestens drei Monaten, von der Generalversammlung zurückgerechnet, Inhaber der Aktien sind; zur Glaubhaftmachung genügt eine Versicherung an Eidesstatt vor einem Gericht oder einem Notar.

(3) Ueber den Widerspruch entscheidet nach Anhörung der Beteiligten das Gericht des Sitzes der Gesellschaft; die Entscheidung unterliegt nicht der Beschwerde. Wird dem Widerspruch stattgegeben, so hat das Gericht nach Anhörung der amtlichen Vertretung des Handelsstandes andere Bilanzprüfer zu bestellen; die Bestellung ist endgültig.

(4) Hat die Generalversammlung Bilanzprüfer nicht gewählt, so hat auf Antrag des Vorstandes, des Aufsichtsrats oder eines Aktionärs das im Abs. 3 bezeichnete Gericht nach Anhörung der amtlichen Vertretung des Handelsstandes die Bilanzprüfer zu bestellen; die Bestellung ist endgültig. Das gleiche gilt für den Fall, daß ein gewählter Bilanzprüfer die Annahme des Prüfungsauftrags ablehnt, wegfällt oder an dem rechtzeitigen Abschluß der Prüfung verhindert ist und nicht die Generalversammlung einen anderen Prüfer wählt.

(5) Die Wahl zum Bilanzprüfer kann auch vor dem Abschluß der Prüfung durch die Generalversammlung widerrufen werden; ist der Bilanzprüfer durch das Gericht bestellt, so steht die Befugnis zum Widerruf auf Antrag des Vorstandes dem Gericht zu.

1. Die Pflichtprüfung vor der Generalversammlung ist eine neue Einrichtung nach englischem Vorbild. Das HGB. kennt nur die Bestellung von Revisoren zur Prüfung der Bilanz in der Generalversammlung (§ 266). Diese Bestimmung fällt mit Geltung der neuen Vorschriften, der §§ 265 ff.

2. Der § 262a Abs. 1 sagt: Der Jahresabschluß der Gesellschaft „ist" . . . zu prüfen, d. h. er muß geprüft werden. Indessen bleibt unklar, welche Folgen eintreten, wenn die Prüfung unterbleibt. Zu einer Prüfung kommt es nur, wenn Prüfer tätig werden. Nun ist die Regelung nicht so getroffen, daß die Bilanzen einer amtlichen oder amtlich bestimmten Prüfstelle einzureichen sind, sondern es muß erst durch eine rechtsgeschäftliche Handlung dieses Prüforgan geschaffen werden.

Entweder nämlich wählt die Generalversammlung den oder die Prüfer oder aber bestellt auf Antrag des Vorstandes, des Aufsichtsrats oder eines Aktionärs das Gericht die Bilanzprüfer. Wenn aber weder das eine noch das andere zutrifft, dann findet mangels des Vorhandenseins von Prüfern die Pflichtprüfung nicht statt. Da aber das Institut der Pflichtprüfung eingerichtet ist, so wird man auch die nicht geprüften Bilanzen leicht als geprüfte betrachten und ihnen vertrauen; zu Unrecht. Die Pflichtprüfung soll ja nicht nur zugunsten der Aktionäre wirken, sondern auch zugunsten der Gesellschaftsgläubiger und zugunsten der künftigen Aktionäre, d. h. des aktienkaufenden Publikums. Art. XIV sieht für kleinere oder besondere Gesellschaften Ausnahmen vor. (Abs. 2 Ziff. 2.)

3. Der Jahresabschluß ist zu prüfen: d. h. also die Jahresbilanz und die Gewinn- und Verlustrechnung; die Buchführung und der Geschäftsbericht.

Dadurch, daß die Prüfung der Bücher einbezogen wird, erhält die Prüfung ihren praktischen Wert; den sie in keiner Weise hätte, wenn die Prüfer von den einmal vorhandenen Büchern sozusagen als gegebenen Größen auszugehen hätten. Die Prüfung bleibt aber bei den Büchern nicht stehen, sie ergreift darüber hinaus die Gesellschaftskasse, den Bestand an Wertpapieren und an Waren. Erst mit dieser Möglichkeit ist eine Nachprüfung der Bewertungen gegeben. Ueber die Schuldner können sich die Prüfer informieren, über die Unternehmungen, an denen die AG. beteiligt ist — kurz, ihnen steht das ganze Geschäft zur Prüfung offen (§ 262d).

Zu den Büchern gehören auch die Aufzeichnungen der früheren Bilanzen, die Protokolle der Sitzungen der Generalversammlung, des Aufsichtsrats und des Vorstandes; auch die früheren Prüfungsberichte.

Die Mitteilung des Geschäftsberichts an die Prüfer durch Vorstand oder Aufsichtsrat ist eine Darstellung im Sinn des § 314 Ziff. 1 HGB.

4. Dieser Gegenstand, das geschäftliche Unternehmen im Geschäftsjahr, wird durch sachverständige Prüfer geprüft: Prüfer können sowohl natürliche wie juristische Personen sein (§ 262c 2).

Der Prüfer muß sachverständig sein (§ 262c); andere Eigenschaften verlangt die VO. nicht.

Es können auch Ausländer und ausländische Gesellschaften Prüfer sein; vorausgesetzt, daß sie dem deutschen Strafgesetz unterliegen (§ 318a).

5. Die VO. bestimmt den Zeitpunkt der Prüfung: sie muß abgeschlossen sein, bevor der Jahresabschluß der Generalversammlung zur Beschlußfassung vorgelegt wird. Danach würde eine Vorlage sozusagen im letzten Augenblick genügen. Indessen ergibt sich aus der VO. etwas anderes. Nach § 262e ist der Bericht dem Aufsichtsrat vorzulegen. Der Aufsichtsrat hat in seinen Bemerkungen zum Geschäftsbericht zu dem Bericht der Bilanzprüfer Stellung zu nehmen. Die Bemerkungen des Aufsichtsrats gehören zu den Vorlagen der §§ 263, 260 Abs. 2 HGB., die zwei Wochen vor dem Tage der Generalversammlung unmittelbar in den Geschäftsräumen der Gesellschaft zur Einsicht der Aktionäre auszulegen sind.

6. Die Art der Prüfung charakterisiert Abs. 2: sie ist verfehlt. wenn sie nur „äußerlich sachgemäß" aufgestellt ist. Sie muß materiell die einzelnen Posten erfassen. Darüber hinaus hat sie festzustellen, ob Posten fehlen; ob überhaupt der Jahresabschluß den gesetzlichen Vorschriften entspricht. Insbesondere sei auf die Vorschrift des § 262 HGB. hingewiesen: über die Bildung eines Reservefonds zur Deckung eines aus der Bilanz sich ergebenden Reservefonds.

7. Die Form der Prüfung ist die Schriftform. (§§ 262 c f.)

8. Die Bilanzprüfer werden von der Generalversammlung gewählt.

Die Wahl erfolgt mit einfacher Stimmenmehrheit. (§§ 256, 266 in neuer Fassung.)

Zur Abstimmung kann nicht gestellt werden, ob überhaupt eine Bilanzprüfung stattfinden soll. Ein verneinender Beschluß wäre als gesetzwidrig nicht zu beachten: der Jahresabschluß „ist" zu prüfen. Bestellt das Gericht die Bilanzprüfer, dann hat — trotz dem entgegenstehenden Beschluß der GV. — die Prüfung stattzufinden. In einem derartigen Beschluß liegt auch nicht eine wirksame Anweisung an den Vorstand, den Prüfungsauftrag nicht zu erteilen. Dagegen kann zur Abstimmung gestellt werden, ob Bilanzprüfer zu wählen sind oder nicht. Denn die VO. sieht ausdrücklich vor, daß Bilanzprüfer von der Generalversammlung nicht gewählt worden sind (Abs. 4).

9. Die Wahl „soll" vor dem Abschluß „jedes" Geschäftsjahres erfolgen. Eine Sollvorschrift. Zulässig ist also die Wahl der Prüfer für mehrere Bilanzen. Es ist auch gar nichts dagegen einzuwenden, daß Personen, welche die Verhältnisse der Gesellschaft kennen, immer wieder die Prüfungen vornehmen. Die Wahl wird in der ordentlichen Generalversammlung für die nächste Bilanz erfolgen. Die

Veranstaltung einer außerordentlichen Generalversammlung kurz vor der ordentlichen Generalversammlung, nur zur Wahl der Prüfer, dürfte nicht lohnen. Ein Jahr ist allerdings eine lange Zeit; fällt während dessen ein Prüfer aus, dann hilft Abs. 4 S. 2.

10. Die Tragweite der Vorschrift, daß der Vorstand den Prüfungsauftrag zu erteilen hat, ist schwer festzustellen. Vor allem: was geschieht, wenn der Vorstand den Auftrag nicht erteilt? Kann der Prüfer ohne Auftrag tätig werden oder ist der Auftrag die Voraussetzung für die Tätigkeit der Prüfer? Im Entwurf fehlt der Satz; er bedeutet eine Stärkung der Position des Vorstandes, dessen Tätigkeit von den Prüfern einer Kontrolle zu unterziehen ist. Weigert sich der Vorstand, den Prüfungsauftrag zu erteilen, dann kann eine Prüfung nicht stattfinden. Wer soll den gewählten Prüfern mitteilen, daß sie gewählt worden sind? Wer versieht sie mit dem Material? Wer gewährt ihnen Zutritt in die Räume der Gesellschaft? Allerdings handelt der Vorstand, der sich weigert, den Auftrag zu erteilen, gesetzwidrig. Das gibt der Generalversammlung Veranlassung, seine Bestellung zu widerrufen, wenn dafür die erforderliche Majorität noch aufzubringen ist. Das gibt der Gesellschaft das Recht, den Vertrag des Vorstandes aus wichtigem Grunde mit sofortiger Wirkung zu kündigen, wenn der Aufsichtsrat dafür zu haben ist, die Kündigung auszusprechen. Aber: die Prüfungsarbeit kann nicht beginnen.

Auch Abs. 4 hilft nicht. Denn die erste Voraussetzung der gerichtlichen Bestellung ist die nicht erfolgte Wahl der Bilanzprüfer. Hier aber ist die Wahl erfolgt, aber es fehlt der Auftrag.

Haben die Prüfer ein Klagerecht auf Erteilung des Auftrags? Das ist nicht anzunehmen. Die Prüfer handeln im Interesse der Gesellschaft. Auch gibt es kein Beschäftigungsrecht. Es ist ausgeschlossen, daß die Bilanzprüfung von der Entscheidung eines durch zwei oder drei Instanzen zu führenden Rechtsstreits abhängig gemacht werden kann. Der Dienst- oder Werkverpflichtete kann auch nur auf Vergütung oder Schadensersatz klagen; nicht aber auf Abnahme der Dienste oder des Werkes (von Sonderfällen abgesehen).

Auf diesem Wege ist nicht weiterzukommen.

Das Problem ist nur so zu lösen, daß die GV. die Prüfer wählt und gleichzeitig beauftragt, sie auch ermächtigt, die Räume der Gesellschaft zu betreten und in die Gegenstände des § 262d Einsicht zu nehmen.

Ferner empfiehlt es sich, gleichzeitig die Vergütung zu normieren. Denn was der Vorstand kann, kann auch das souveräne Organ, die GV. Handelt es sich doch überwiegend um Interna der Gesellschaft.

11. Erteilt der Vorstand den Auftrag, dann kommt zwischen der Gesellschaft und dem Prüfer ein Abkommen zustande, dessen Inhalt für die Pflichtseite des Prüfers sich aus dem Gesetz ergibt. Die Vergütung — über sie sagt die VO. nichts — wird durch freie Vereinbarung bestimmt. Dieser bleibt auch eine Vorauszahlung überlassen. Wählt aber die GV. die Prüfer nicht, werden diese vielmehr vom Gericht bestellt, dann bedarf es keines Auftrages durch den Vorstand. Die Bestellung ersetzt nicht nur die Wahl, sondern auch den Auftrag.

12. Gegen die Wahl ist dem Vorstand, dem Aufsichtsrat, einer Minderheit, das Recht des Widerspruchs eingeräumt; allerdings mit einer sehr bedeutsamen Einschränkung: im Interesse der Gesellschaft, nicht im eigenen Interesse.

Frage: Wie wird festgestellt, in wessen Interesse der Widerspruch erfolgt? Durch das Gericht, d. h. das Registergericht.

Der Widerspruch des Vorstandes oder des Aufsichtsrats ist immer zu „berücksichtigen", d. h. er muß zu Protokoll genommen werden. Anders mit dem Widerspruch der Ein-Zehntel-Minorität. Diese Minorität muß glaubhaft machen, daß sie ihren Aktienbesitz seit mindestens drei Monaten hat. Hier greift die Vorschrift des § 230a ein, daß dem Eigentum ein Anspruch auf Uebereignung von Aktien gegen eine Bank gleichsteht. (Siehe Art. II § 230a, auch S. 2.) Der Notar, der die GV. protokolliert, ist verpflichtet, die eidesstattliche Versicherung entgegenzunehmen. Bewaffne sich also jeder Aktionär mit einer ausreichenden Legitimation.

13. Das Registergericht am Sitze der Gesellschaft entscheidet nach Anhörung der Beteiligten über den Widerspruch.

Wer trägt die Sache an das Registergericht? Der widersprechende Teil. Der Vorstand, der Aufsichtsrat oder die Minorität. Die Protokollierung des Widerspruchs macht die Wahl nicht hinfällig: erst die Entscheidung des Registergerichts hat diese Wirkung. Dem Registergericht ist das Protokoll einzureichen; im Falle des Minoritätswiderspruches auch die Glaubhaftung. Der Antrag geht dahin, dem Widerspruch stattzugeben. Die Parteien dieses Streites sind der Widersprechende und die Gesellschaft.

Die Beteiligten sind der widersprechende Teil, der Vorstand, unter Umständen Aktionäre der Majorität.

Die Entscheidung erfolgt durch Beschluß. Da die Beteiligten zu hören sind, so kann ein Verhandlungstermin angesetzt werden. Aber auch das schriftliche Verfahren ist zulässig. Die Kosten trägt der unterliegende Teil. Die Erstattungspflicht umfaßt auch die Kosten der Vertretung durch Rechtsanwälte.

14. Wird der Widerspruch verworfen, dann bleibt es bei der Wahl. Im gegenteiligen Falle findet nicht eine neue Wahl statt, vielmehr erfolgt die Bestellung eines anderen Prüfers durch das Gericht nach Anhörung der Handelskammer, und zwar endgültig. Die Bestellung erfolgt, nicht die Bestallung. Auch der von dem Registerrichter bestellte Prüfer übt keine amtlichen oder halbamtlichen Funktionen aus. Die Bestellung erfolgt durch die Verfügung. Sie ist der Gesellschaft und dem bestellten Prüfer zuzustellen.

15. Dem bestellten Prüfer hat der Vorstand nicht Auftrag zu erteilen. Für die Gebühren haftet nicht der Staat. Kommt mit dem Prüfer eine Vereinbarung über die Vergütung nicht zustande, dann hat der Prüfer Anspruch auf übliche Vergütung. (§ 632 BGB.)

16. Ohne Antrag bestellt das Gericht den Prüfer nicht. Es genügt aber der Antrag eines Aktionärs. Das kann auch ein Aktionär sein, der gegen die Wahl gestimmt hat.

17. Nimmt der Prüfer die Wahl an, dann ist der Vertrag geschlossen. Fehlt eine Vereinbarung über die Vergütung, dann ist eine übliche Vergütung zu leisten.

Der gewählte Prüfer kann die Annahme des Prüfungsauftrages ablehnen. Das heißt: der bestellte Prüfer hat nicht das Recht der Ablehnung. Satz 2 spricht ausdrücklich nur vom „gewählten" Prüfer. § 262c macht deutlich den Unterschied zwischen Wahl und Bestellung.

18. Wie die Wahl des Vorstandes kann auch die des Prüfers durch die GV. widerrufen werden. Wahl und Widerruf können in einer Versammlung erfolgen. Der Widerruf hat zur Folge, daß der Prüfer seine Qualität verliert. Er behält den Anspruch auf die Vergütung mit Anrechnungspflicht. (§ 649 BGB.)

§ 262c

(1) Als Bilanzprüfer sollen[1]) nur gewählt oder bestellt werden

1. Personen[2]), die in der Buchführung ausreichend vorgebildet und erfahren sind;

2. Prüfungsgesellschaften[3]), von deren Inhabern, Vorstandsmitgliedern oder Geschäftsführern mindestens einer die in Nr. 1 bezeichneten Eigenschaften besitzt[4]).

(2) Prüfer, auf deren Geschäftsführung die zu prüfende Gesellschaft maßgebenden Einfluß hat, dürfen als Bilanzprüfer weder gewählt noch bestellt werden. Vorstands- und Aufsichtsratsmitglieder und Angestellte der Gesellschaft können nicht als Bilanzprüfer gewählt oder bestellt werden.

1. Sollvorschrift. Immerhin kann von dieser Vorschrift nicht willkürlich abgewichen werden.

2. Die Prüfer können zur Unterstützung Gehilfen heranziehen (vgl. § 318a Ziff. 1). Die Kosten der Gehilfen haben sie zu tragen.

3. Ueber Treuhandgesellschaften vgl. des Verfassers Kommentar zum HGB. und UWG. S. 72 (RG.).

4. Diese sachkundigen Inhaber oder gesetzlichen Vertreter haben die Prüfung vorzunehmen, wobei sie sich der Hilfe anderer Personen bedienen können.

5. Strafvorschrift: § 318a.

6. Die Konzerntreuhand darf also nicht prüfen. Erfolgt — auch nur aus Irrtum — die Wahl eines befangenen Prüfers, dann ist diese Wahl nichtig: Ziff. 2 ist ein Verbotsgesetz im Sinne des § 134 BGB. Die Bestellung eines befangenen Prüfers ist ein fehlerhafter Staatsakt. Die Bestellung ist nichtig. Die Verfügung über die Bestellung ist dem Prüfer zu entziehen.

Ist ein befangener Prüfer bestellt, dann ist ein unbefangener zu bestellen.

Hat ein befangener Prüfer die Prüfung vorgenommen, dann ist die Bilanz — mag sie bestätigt oder beanstandet sein — nicht geprüft. Die Bilanz verstößt mithin gegen § 262a. Auf diese Vorschrift, die publici juris ist, kann nicht verzichtet werden. Der Beschluß, der diese Bilanz genehmigt, ist unwirksam.

In einer GV. ist ein anderer Prüfer zu wählen. Er hat zu prüfen. Sein Prüfungsbericht erfährt die durch Gesetz vorgeschriebene Behandlung. In einer neuen GV. ist über die Bilanz Beschluß zu fassen.

7. Das zu Anm. 6 Gesagte gilt auch dann, wenn Vorstands- oder Aufsichtsratsmitglieder oder Angestellte (Syndikus) gewählt oder bestellt worden sind.

§ 262d

(1) Der Vorstand hat den Bilanzprüfern die Einsicht der Bücher und Schriften der Gesellschaft sowie die Untersuchung des Bestandes der Gesellschaftskasse und der Bestände an Wertpapieren und Waren zu gestatten.

(2) Die Bilanzprüfer können vom Vorstand alle Aufklärungen und Nachweise verlangen, welche die sorgfältige Erfüllung der ihnen obliegenden Prüfungspflicht erfordert[1]).

1. Hier gilt entsprechend das zu § 262b in Anmerkung 10 Gesagte. Verweigert der Vorstand diese Aufklärung usw., dann können die Bilanzprüfer keinen klagbaren Anspruch darauf erheben. Sie müssen sich darauf beschränken, in ihrem Bericht auf die Weigerung hinzuweisen. Sie können aber auch die Tätigkeit einstellen, wenn nämlich die Weigerung des Vorstandes eine wirkliche Bilanzprüfung unmöglich macht. (§ 642 BGB.)

2. Die Vorschrift des § 319 Abs. 1 HGB. (Ordnungsstrafen) versagt hier, weil § 319 auf § 262d nicht Bezug nimmt, auch gar nicht Bezug nehmen kann (als ältere Vorschrift). Anders bei § 267, der nicht neu, sondern nur neu gefaßt ist. (Vgl. Art VII Eingangswort.)

3. Vgl. wegen des Inkrafttretens Art. XIII Abs. 2 letzter Satz.

§ 262e

(1)[1]) Die Bilanzprüfer[2]) haben über das Ergebnis der Prüfung schriftlich zu berichten. In dem Bericht ist besonders festzustellen, ob die Buchführung[3]), der Jahresabschluß und der Geschäftsbericht den Vorschriften der §§ 260, 260a und b, § 261, §§ 261a bis e, § 262 entsprechen und ob der Vorstand die verlangten Aufklärungen und Nachweise geliefert hat. Die Prüfer haben den Bericht zu unterzeichnen.

(2) Der Bericht ist dem Aufsichtsrate vorzulegen. Jedes Mitglied des Aufsichtsrats ist berechtigt, den Bericht einzusehen[4]).

(3) Der Aufsichtsrat hat in seinen Bemerkungen zum Geschäftsbericht anzugeben, durch welche Stelle die Bilanzprüfung stattgefunden hat, und zu dem Berichte der Bilanzprüfer Stellung zu nehmen; er hat ferner in der Generalversammlung, die über den Jahresabschluß zu beschließen hat, Auskunft darüber zu erteilen, ob die Prüfung nach ihrem

abschließenden Ergebnis zu wesentlichen Beanstandungen Anlaß gegeben hat oder nicht[5])[6]).

§ 262f

(1) Sind nach dem abschließenden Ergebnis der Prüfung wesentliche Einwendungen nicht zu erheben, so haben die Bilanzprüfer dies durch einen Vermerk zu bestätigen; der Bestätigungsvermerk muß ergeben,

> **ob nach pflichtgemäßer Prüfung auf Grund der Bücher und Schriften der Gesellschaft sowie der vom Vorstand erteilten Aufklärungen und Nachweise die Buchführung, der Jahresabschluß und der Geschäftsbericht den gesetzlichen Vorschriften entsprechen.**

(2) Der Wortlaut des Bestätigungsvermerks ist in alle Veröffentlichungen und Vervielfältigungen des Jahresabschlusses aufzunehmen[7]).

1. Die Bilanzprüfer haben, sobald sie die Wahl angenommen haben oder sobald sie bestellt sind, das übernommene oder aufgetragene Werk zu liefern. Sie können diese Tätigkeit nicht willkürlich einstellen, sondern nur nach Maßgabe der Grundsätze, die einen „Unternehmer" berechtigen, den Vertrag zur Auflösung zu bringen. (Vgl. über den Charakter des Vertrages als eines Werkvertrages Warneyer Komm. z. BGB. mit Urt. Braunschweig DJZ. 1903 S. 228.) Ueber die Haftung der Bilanzprüfer vgl. § 262g.

2. Die VO. spricht von einem oder mehreren Prüfern. (§ 262a Abs. 1). Hat nun jeder Prüfer einen Bericht zu erstatten, so daß also mehrere Berichte zustande kommen, oder haben die Bilanzprüfer zusammen einen Bericht zu erstatten? Nach dem Wortlaut der VO. ist nur ein (gemeinschaftlicher) Bericht zu erstatten. (Vgl. insbesondere § 262e Abs. 3: „zu dem Bericht".) Der Wortlaut schließt aber die Erstattung mehrerer Berichte nicht aus; insbesondere, wenn es heißt, daß die Bilanzprüfer über das Ergebnis schriftlich zu berichten haben. Jeder Prüfer kann zu einem anderen Ergebnis kommen. Stimmen die Ergebnisse (im wesentlichen) überein, dann werden sich die Prüfer auf einen Bericht zu einigen haben. Sind sie verschieden, dann ist die Erstattung eines Berichts nicht möglich. Es besteht auch gar kein Grund, aus Formalismus auf einen Bericht zu dringen, und so die wahre Meinung eines Prüfers zu unterdrücken. Und nur im Falle der Uebereinstimmung gilt § 262f.

Es ist schließlich Sache der Generalversammlung, sich für den einen oder den anderen Bericht zu entscheiden. Auch bei verschiedenen Berichten liegt eine geprüfte Bilanz vor.

Steht man aber auf dem anderen Standpunkt, daß die Prüfer zusammen einen Bericht zu erstatten haben — s. auch §§ 262e Abs. 1 S. 2, g Abs. 1 S. 2, dann kommt es im Falle der Meinungsverschiedenheit zu keinem Bericht. Die Prüfung ist ergebnislos. Die Bilanz ist dann im Sinne der VO. nicht geprüft, da eine ergebnislose Prüfung einer Nichtprüfung gleichzustellen ist. Es sind erneut Prüfer zu wählen (oder zu bestellen); am besten nur einer, damit sich die Vorgänge nicht wiederholen.

3. Beachtenswert ist, daß die Prüfer in dem Bericht auch Feststellungen über die Buchführung zu treffen haben.

4. Nicht dem Vorstand, sondern dem Aufsichtsrat ist der Bericht vorzulegen, und zwar (wie zu ergänzen ist) durch den Prüfer (nicht durch den Vorstand). Außer den Mitgliedern des Aufsichtsrats kann aber auch der Vorstand von dem Bericht Kenntnis nehmen.

5. Ist die Anwesenheit des Prüfers in der Generalversammlung erforderlich oder möglich? Erforderlich ist sie nicht; es fehlt eine entsprechende Vorschrift. Die Generalversammlung kann die Prüfer zur Generalversammlung zulassen. Die Prüfer sind nicht verpflichtet, dem Ersuchen um Teilnahme nachzukommen. Ihre Tätigkeit ist an sich mit der Ablieferung des Berichts abgeschlossen. Aenderungen des Berichts in der Generalversammlung durch den Prüfer sind zulässig. Seine Zuziehung (als Gast) wird sich empfehlen. Nicht empfehlenswert ist, daß der Prüfer Aktien erwirbt, um den Zutritt zur Versammlung zu erzwingen. An sich steht nichts im Wege, daß der Prüfer (nach Ablieferung des Berichts) Aktionär wird. Aber dann kann er nicht mehr als objektiver Prüfer sprechen, sondern nur als interessierter Aktionär.

6. Eine Klage auf Erstattung des Berichts, auf seine Unterzeichnung und auf den Vermerk des § 262g ist gegeben; auch gegen den bestellten Prüfer, dessen Verhältnis zur Gesellschaft als vertragsähnliches zu bezeichnen ist, auf das analog die Vorschriften über den Werkvertrag anzuwenden sind.

7. Siehe ferner § 268 Abs. 1 S. 2 (Regreßklage auf Grund des Berichts).

§ 262g

(1) Die Bilanzprüfer und, wenn sie sich bei der Prüfung anderer Personen bedienen, auch diese sind zur gewissen-

haften und unparteiischen Prüfung und zur Verschwiegenheit verpflichtet[1]). Sie dürfen Geschäfts- und Betriebsgeheimnisse[2]), die sie bei der Wahrnehmung ihrer Obliegenheiten erfahren haben, nicht unbefugt verwerten[3]). Wer seine Obliegenheiten verletzt, haftet der Gesellschaft für den daraus entstehenden Schaden[4]). Mehrere Personen haften als Gesamtschuldner[5]).

(2) Bei Fahrlässigkeit beschränkt sich die Haftpflicht für eine Prüfung auf hunderttausend Reichsmark, auch wenn an der Prüfung mehrere Personen beteiligt waren oder mehrere zum Ersatze verpflichtende Handlungen begangen worden sind; bei Vorsatz gilt dasselbe, wenn mehrere Personen haften, zugunsten der Personen, die selbst nicht vorsätzlich gehandelt haben[6]).

(3) Die Verpflichtung zur Verschwiegenheit nach Abs. 1 Satz 1 besteht, wenn eine Prüfungsgesellschaft Bilanzprüfer ist, auch gegenüber dem Aufsichtsrat und den Mitgliedern des Aufsichtsrats der Prüfungsgesellschaft. Der Vorsitzende des Aufsichtsrats der Prüfungsgesellschaft und sein Stellvertreter dürfen jedoch die von der Prüfungsgesellschaft erstatteten Berichte einsehen, die hierbei erlangten Kenntnisse aber nur verwerten, soweit es die Erfüllung der Ueberwachungspflicht des Aufsichtsrats erfordert[7]).

(4) Die Haftung nach diesen Vorschriften kann durch Vertrag weder ausgeschlossen noch beschränkt werden[8]).

(5) Die Ansprüche aus diesen Vorschriften verjähren in fünf Jahren.

1. Die Pflichten der Bilanzprüfer stellt die VO. noch einmal ausdrücklich fest; sie ergeben sich eigentlich von selbst aus dem Vertrauenscharakter der Beziehungen der Prüfer zur Gesellschaft: Gewissenhaftigkeit, Unparteilichkeit, Verschwiegenheit.

Ganz besonders wird die Verschwiegenheitspflicht betont und ausgestaltet. Man muß sagen, daß in diesem Punkt ein geradezu krankhafter Zustand bei uns herrscht; das haben insbesondere die Verhandlungen des Deutschen Juristentages 1931 gezeigt. Es handelte sich dabei um die Verschwiegenheitspflicht des Angestellten.

Die Verschwiegenheitspflicht des Prüfers darf unter keinen Umständen zur Lähmung seiner Tätigkeit führen, die ohne dies, wie man gesehen hat, durch Fußangeln genügend gefährdet ist. Die Tendenz der Offenheit, diese absolut gesunde und dem

Interesse der deutschen Aktiengesellschaften — dem richtig verstandenen Interesse — dienende Tendenz darf nicht durch die entgegengesetzte zur Geheimnistuerei und Verschleierung paralysiert werden.

2. Ueber Geschäfts- und Betriebsgeheimnisse vgl. des Verfassers Kommentars zum HGB. und UWG. S. 982 ff.

3. Den Angelpunkt bilden die Worte „unbefugt verwerten". Die VO. übernimmt hier den Wortlaut des § 17 Abs. 2 UWG. Indessen ist der Wortlaut des § 262g Abs. 1 mehrdeutig. Nach S. 2 hat es den Anschein, als ob nur die unbefugte Verwertung von Geschäfts- und Betriebsgeheimnissen verboten sei. Indessen darf doch nicht übersehen werden, daß die Bilanzprüfer schlechthin zur Verschwiegenheit verpflichtet sind (S. 1). Das bedeutet, daß sie auch nicht befugt sind, über ihre Kenntnisse (nicht nur von Geheimnissen) auf Grund der Prüfung und über die Ergebnisse dieser Prüfung Dritten Mitteilungen zu machen. Das ist auch berechtigt, es besteht kein zureichender Grund, der eine derartige Mitteilung rechtfertigen könnte.

Selbstverständlich kann es sich dabei nur um Mitteilungen an Dritte handeln: dazu gehören unter gar keinen Umständen Bestandteile des Prüfungsberichts. Die Tatsache, daß der Vorstand ein Interesse daran hat, der Generalversammlung gewisse geheime Dinge zu verheimlichen — selbst im Interesse der Gesellschaft —, kann die Aufnahme dieser Dinge in den Prüfungsbericht niemals als Verletzung der Verschwiegenheit, auch objektiv nicht, betrachtet werden.

Die Prüfer untereinander dürfen ihre Kenntnisse austauschen. Die Mitteilung eines Prüfers gegenüber einem anderen Prüfer ist keine Verschwiegenheitsverletzung.

Das Diktat des Berichts an eine Stenotypistin ist ebenfalls keine Verletzung der Verschwiegenheitspflicht; diese Stenotypistin ist ja ebenfalls zur Verschwiegenheit verpflichtet. Ihrer bedient sich der Prüfer „bei" der Prüfung.

Eine Rolle werden die Abschriften des Prüfungsberichts spielen. Der Prüfer darf eine solche Abschrift zurückhalten; schon zur Rechtfertigung. Er muß aber diese Abschrift sorgfältig verschließen; ein Offenlegen kann eine Verletzung der Verschwiegenheitspflicht sein.

Von der Mitteilung ist die Verwertung scharf zu trennen. In der Verwertung braucht eine Mitteilung nicht zu liegen. Ueber den Begriff vgl. RGStr. Bd. 63 S. 207 zit. in des Verf. Komm. zum HGB. u. UWG. S. 983, 984.

Eine unbefugte Verwertung ist nichts anderes, als eine Verwertung von solchen Kenntnissen, die der Bilanzprüfer bei der Wahrnehmung ihrer Obliegenheiten erlangt hat. Kannte der Prüfer vor dieser Tätigkeit das betreffende Geheimnis, dann liegt eine unbefugte Verwertung nicht vor; ebensowenig, wenn das Einverständnis zur Verwertung seitens der Gesellschaft rechtmäßig erklärt ist. Die Uebergabe zu den Gerichtsakten in einem Prozeß zwischen Prüfer und AG. ist keine Verletzung der Verschwiegenheit und keine unbefugte Verwertung.

4. „Wer" — das sind die Prüfer und ihre Hilfspersonen. Der Prüfer haftet für die Hilfsperson (§ 278 BGB.).

Obliegenheit ist gewissenhafte Prüfung vor allem. Nicht gewissenhaft handelt der, der ein Amt übernimmt, dem er nicht gewachsen ist. Zur gewissenhaften Prüfung gehört auch die Durchführung der Prüfung, die Unterschrift unter dem Bericht, die Niederlegung des Vermerks, § 262f.

Parteilich ist auch die Prüfung, die — unter Verletzung der Wahrheitspflicht — zugunsten der Gesellschaft erfolgt, „um diese nicht zu schädigen".

5. Ueber Verschwiegenheit und Verwertung ist bereits gesprochen worden. Die Solidarhaftung hat die vorsätzlich schuldhafte Handlung aller Personen zur Voraussetzung. Sind also mehrere Prüfer beauftragt, und handelt nur einer vorsätzlich (oder fahrlässig), dann haften die andern nicht (vgl. Abs. 2).

6. Sachgemäß — bei der nebelhaften Auffassung des Begriffs der Fahrlässigkeit in der Praxis — ist die Höchstgrenze des Abs. 2.

Diese Beschränkung kann sich logischerweise nur auf die Gewissenhaftigkeit und die Verschwiegenheit beziehen. Eine fahrlässige Unparteilichkeit gibt es nicht; wohl aber kann man fahrlässig indiskret sein.

7. Die Treuhandgesellschaft kann und muß die Prüfungsberichte (im Duplikat) zu ihren Büchern nehmen; darf aber ihrerseits diese Berichte weder ihrer Generalversammlung noch dem Aufsichtsrat zugänglich machen. Eine Ausnahme gilt in genau bezeichneten Schranken zugunsten des Vorsitzenden des Aufsichtsrats und seines Stellvertreters.

Die Prüfer einer Treuhandaktiengesellschaft dürfen die Berichte der Treuhand über andere Aktiengesellschaften nicht einsehen.

8. Darunter fällt auch die Haftung wegen Fahrlässigkeit. Ausnahme von § 276 Abs. 2 BGB.

9. Vgl. hierzu § 638 BGB.

10. Wegen des Inkrafttretens vgl. Art. XIII Abs. 3 letzter Satz.

Artikel VII

Die §§ 266 bis 270 des Handelsgesetzbuchs sind in folgender Fassung anzuwenden:

§ 266

(1) Die Generalversammlung kann mit einfacher Stimmenmehrheit die Bestellung von Prüfern zur Prüfung von Vorgängen bei der Gründung oder der Geschäftsführung[1]) beschließen. Bei der Beschlußfassung können Aktionäre, die zugleich Mitglieder des Vorstandes oder Aufsichtsrats sind, weder für sich noch für einen anderen mitstimmen, wenn die Prüfung sich auf Vorgänge erstrecken soll, die mit der dem Vorstand oder dem Aufsichtsrat zu erteilenden Entlastung oder der Einleitung eines Rechtsstreits zwischen Mitgliedern des Vorstandes oder des Aufsichtsrats und der Gesellschaft im Zusammenhange stehen[2]).

(2) Ist in der Generalversammlung ein Antrag auf Bestellung von Prüfern zur Prüfung eines Vorganges bei der Gründung oder eines nicht länger als zwei Jahre zurückliegenden Vorganges bei der Geschäftsführung abgelehnt worden, so können auf Antrag einer Minderheit, deren Anteile zusammen den zehnten Teil des Grundkapitals erreichen, Prüfer durch das Gericht des Sitzes der Gesellschaft bestellt werden.

(3) Eine gleiche Minderheit hat das Recht, falls die Generalversammlung Prüfer bestellt hat, bei dem Gericht des Sitzes der Gesellschaft zu beantragen, daß andere Personen zu Prüfern bestellt werden.

(4) Ein Antrag nach Abs. 3 ist innerhalb einer Frist von zwei Wochen seit dem Tage der Generalversammlung zu stellen.

(5) Dem Antrag nach Abs. 2 ist nur stattzugeben, wenn Verdachtsgründe beigebracht werden, daß bei dem Vorgang Unredlichkeiten oder grobe Verletzungen des Gesetzes oder des Gesellschaftsvertrags stattgefunden haben. Die Antrag-

steller haben die Aktien bis zur Entscheidung über den Antrag zu hinterlegen und glaubhaft zu machen, daß sie seit mindestens drei Monaten, von der Generalversammlung zurückgerechnet, Inhaber der Aktien sind; zur Glaubhaftmachung genügt eine eidesstattliche Versicherung vor einem Gericht oder einem Notar.

(6) Vor der Bestellung sind der Vorstand und der Aufsichtsrat zu hören. Die Bestellung kann im Falle des Abs. 2 auf Verlangen von einer nach freiem Ermessen zu bestimmenden Sicherheitsleistung abhängig gemacht werden, wenn glaubhaft gemacht wird, daß der Gesellschaft auf Grund des § 267 Abs. 4 Satz 2 oder von Vorschriften des bürgerlichen Rechts gegen die Kläger oder einzelne von ihnen ein Ersatzanspruch zusteht oder erwachsen kann.

(7) Die Vorschriften des § 262c über die Auswahl der Bilanzprüfer und des § 262g über die Verantwortlichkeit der Bilanzprüfer finden auf Prüfer, die nach § 266 zur Prüfung von Vorgängen bei der Gründung oder der Geschäftsführung bestellt sind, entsprechende Anwendung, die Vorschrift des § 262c jedoch nur, soweit es sich um Prüfer handelt, die das Gericht bestellt hat[3][4][5][6]).

1. Durch die Vorschriften über Bilanzprüfung verliert das Wort „Bilanz" im § 266 HGB. alter Fassung seine Bedeutung: Die neue Fassung bezieht sich nur noch auf die Revision der Gründung und Geschäftsführung.

Die Grundsätze sind aufrechterhalten, die Ergänzungen sind von Bedeutung, aber nicht wesentlicher Art.

Im Abs. 1 ist das Stimmrecht der Vorstands- und Aufsichtsratsaktionäre sachgemäß eingeschränkt.

Abs. 3 und 4 gewährten der qualifizierten Minderheit das Antragsrecht auf Bestellung anderer Prüfer, innerhalb zweier Wochen seit dem Tage der Generalversammlung.

Im Abs. 5 ist die Frist des Aktienbesitzes auf drei Monate verkürzt, die Glaubhaftmachung geregelt.

Im Abs. 6 ist die Sicherheitsleistung näher geregelt.

Abs. 7 wendet die §§ 262e—g auf die Revisoren an.

2. Vgl. hierzu des Verf. Komm. zum HGB. § 252 Anm. S. 391, 392.

3. Das Gericht soll nur Treuhandgesellschaften oder Buchsachverständige bestellen. Die Ausdrucksweise der VO. ist merk-

würdig: „die das Gericht bestellt hat" soll wohl heißen: „zu bestellen hat".

4. Auch au' die Hilfspersonen der Revisoren findet § 262g entsprechende Anwendung.

5. Wegen des Inkrafttretens des § 266 Abs. 1 S. 1 vgl. Art. XIII Abs. 3.

6. Vgl. Art. XIII Abs. 3 letzter Satz.

§ 267

(1) Der Vorstand hat in den Fällen des § 266 den Prüfern die Einsicht der Bücher und Schriften der Gesellschaft und die Untersuchung des Bestandes der Gesellschaftskasse sowie der Bestände an Wertpapieren und Waren zu gestatten[1]).

(2) Die Prüfer können von dem Vorstand alle Aufklärungen und Nachweise verlangen, welche die sorgfältige Erfüllung der ihnen obliegenden Prüfungspflicht erfordert[2]).

(3) Der Bericht über das Ergebnis der Prüfung ist von den Prüfern unverzüglich dem Vorstand und[3]) zum Handelsregister der Hauptniederlassung einzureichen und von dem Vorstand bei der Berufung der nächsten Generalversammlung als Gegenstand der Beschlußfassung anzukündigen[4]).

(4) Im Falle des § 266 Abs. 2 beschließt die Generalversammlung, ob die entstandenen Kosten von der Gesellschaft zu tragen sind. Wird der Antrag auf Ernennung von Prüfern durch das Gericht zurückgewiesen oder erweist er sich nach dem Ergebnis der Prüfung als unbegründet, so sind die Aktionäre, denen Vorsatz oder grobe Fahrlässigkeit zur Last fällt, für einen der Gesellschaft durch den Antrag entstehenden Schaden als Gesamtschuldner haftbar[5]).

1. Abs. 1 entspricht der alten Fassung.

2. Hier greift im Falle der Weigerung § 319 Abs. 1 HGB. ein. S. auch § 268.

3. Die Einreichung beim Handelsregister erfolgt also durch die Prüfer; nicht durch den Vorstand.

4. Unterläßt der Vorstand die Ankündigung, so kann er durch Ordnungsstrafe nicht angehalten werden, da § 319 Abs. 1 HGB. nur auf § 267 Abs. 1, 2 Bezug hat; nicht auf den ganzen § 267.

5. Der Unterschied zur alten Fassung besteht darin, daß die „bösliche Handlungsweise" durch die Worte „Vorsatz oder grobe Fahrlässigkeit" ersetzt worden sind.

§ 268

(1) Die Ansprüche der Gesellschaft aus der Gründung gegen die nach den §§ 202 bis 204, 208 verpflichteten Personen oder aus der Geschäftsführung gegen die Mitglieder des Vorstandes und des Aufsichtsrats müssen geltend gemacht werden, wenn es in der Generalversammlung mit einfacher Stimmenmehrheit beschlossen oder von einer Minderheit, deren Anteile zusammen den zehnten Teil des Grundkapitals erreichen, verlangt wird[1]). Sind in einem Prüfungsbericht (§ 193 Abs. 2, § 207 Abs. 2, §§ 262e, 267 Abs. 2 des Handelsgesetzbuchs) Tatsachen festgestellt worden, aus denen sich Ersatzansprüche gegen die nach §§ 202, 204, 208 verpflichteten Personen oder gegen Mitglieder des Vorstandes oder Aufsichtsrats ergeben, so müssen diese Ansprüche geltend gemacht werden, wenn es in der Generalversammlung mit einfacher Stimmenmehrheit beschlossen oder von einer Minderheit, deren Anteile den zwanzigsten Teil des Grundkapitals erreichen, verlangt wird[2]).

(2) Zur Führung des Rechtsstreits kann die Generalversammlung besondere Vertreter wählen. Ist die Geltendmachung des Anspruchs von der Minderheit verlangt, so können die von dieser bezeichneten Personen durch das Gericht des Sitzes der Gesellschaft als deren Vertreter zur Führung des Rechtsstreits bestellt werden. Im übrigen bewendet es bei den Vorschriften des § 247; diese kommen auch dann zur Anwendung, wenn die Geltendmachung des Anspruchs von der Minderheit verlangt ist.

1. Der erste Satz entspricht der alten Fassung.

2. Satz 2 ist neu. § 193 Abs. 2 verlangt einen schriftlichen Bericht über Zeichnung, Einzahlung, Angemessenheit der eingelegten oder übernommenen Gegenstände; § 207 Abs. 2 uber Verträge betreffend Daueranlagen, Grundstücke; § 262e über Buchführung und Jahresabschluß; § 267 Abs. 3 behandelt den Revisionsbericht (die Bezugnahme auf § 267 Abs. 2 ist ein Druckfehler). Ein Zwanzigstel des Grundkapitals genügt (s. auch § 269 Abs. 2).

3. Abs. 2 entspricht der alten Fassung.

§ 269

(1) Die Geltendmachung eines Anspruchs auf Verlangen der Minderheit muß innerhalb eines Zeitraums von drei Monaten seit dem Tage der Generalversammlung erfolgen. Der Klage ist das Protokoll der Generalversammlung, soweit es die Geltendmachung des Anspruchs betrifft, in öffentlich beglaubigter Abschrift beizufügen[1]).

(2) Die Minderheit hat eine den zehnten Teil und im Falle des § 268 Abs. 1 Satz 2 eine den zwanzigsten Teil des Grundkapitals der Gesellschaft erreichende Anzahl von Aktien für die Dauer des Rechtsstreits zu hinterlegen; es ist glaubhaft zu machen, daß die die Minderheit bildenden Aktionäre seit mindestens drei Monaten, von der Generalversammlung zurückgerechnet, Inhaber der Aktien sind; zur Glaubhaftmachung genügt eine eidesstattliche Versicherung vor einem Gericht oder einem Notar. Das Prozeßgericht kann die vorzeitige Rücknahme der hinterlegten Aktien gestatten[2]).

(3) Macht der Beklagte glaubhaft, daß ihm auf Grund des Abs. 5 oder von Vorschriften des bürgerlichen Rechtes gegen die die Minderheit bildenden Aktionäre oder einzelne von ihnen ein Ersatzanspruch zusteht oder erwachsen kann, so kann das Gericht anordnen, daß ihm von der Minderheit Sicherheit zu leisten ist. Art und Höhe der Sicherheitsleistung bestimmt das Gericht nach freiem Ermessen. Die Vorschriften der Zivilprozeßordnung über die Festsetzung einer Frist zur Sicherheitsleistung und über die Folgen der Versäumung der Frist finden Anwendung[3]).

(4) Die Minderheit ist der Gesellschaft gegenüber verpflichtet, die der Gesellschaft zur Last fallenden Kosten des Rechtsstreits zu tragen[4]).

(5) Für den Schaden, der dem Beklagten durch eine unbegründete Klage entsteht, haften ihm die Aktionäre, denen Vorsatz oder grobe Fahrlässigkeit zur Last fällt, als Gesamtschuldner[5]).

1. Abs. 1 entspricht der alten Fassung.

2. Neu in diesem Absatz ist die Bezugnahme auf den Fall des § 268 Abs. 1 S. 2; ferner die Aenderung der Sechsmonatsfrist in die Dreimonatsfrist.

Satz 2 ist neu.

3. Abs. 3 ist materiell unverändert geblieben

4. Abs. 4 hat nur den Zusatz „der Gesellschaft zur Last fallenden" erfahren.

5. Abs. 5 ersetzt die „bösliche Handlungsweise" „durch Vorsatz oder grobe Fahrlässigkeit".

§ 270

Auf einen Anspruch, dessen Geltendmachung die Minderheit auf Grund der Vorschriften des § 268 Abs. 1 verlangt hat, kann die Gesellschaft nur verzichten, wenn von den die Minderheit bildenden Aktionären so viele zustimmen, daß die Aktien der übrigen nicht mehr den zehnten Teil und im Falle des § 268 Abs. 1 Satz 2 den zwanzigsten Teil des Grundkapitals darstellen; dasselbe gilt für einen Vergleich[1]).

1. Abgesehen von der Bezugnahme auf den § 268 Abs. 1 S. 2 entspricht die Vorschrift der alten Fassung.

Artikel VIII[1])

(1) Bestimmungen des Gesellschaftsvertrags über die Zusammensetzung und Bestellung des Aufsichtsrats und über die Vergütung der Mitglieder des Aufsichtsrats treten mit Beendigung der ersten Generalversammlung außer Kraft, die über den Abschluß des bei Inkrafttreten dieses Teiles laufenden Geschäftsjahrs abgehalten wird[2]). In dieser Generalversammlung können neue Bestimmungen über die Zusammensetzung und Bestellung des Aufsichtsrats und über die Vergütung der Mitglieder des Aufsichtsrats mit einfacher Stimmenmehrheit beschlossen werden[3]).

(2) Das Amt der gewählten Mitglieder des Aufsichtsrats erlischt mit Beendigung der im Abs. 1 bezeichneten Generalversammlung[4]).

(3) Die Gesamtzahl der Mitglieder des Aufsichtsrats darf nach der Neuwahl nicht mehr als dreißig betragen[5]).

(4) Zum Mitglied des Aufsichtsrats kann nicht gewählt werden, wer bereits in zwanzig Aktiengesellschaften oder Kommanditgesellschaften auf Aktien Mitglied des Aufsichtsrats ist[6]).

1. Artikel VIII versucht die unerträglichen Zustände im Aufsichtsratswesen zu bessern: die Besserung sieht so aus, daß die Gesamtzahl der Mitglieder des Aufsichtsrats nicht mehr als dreißig

betragen und daß ein Mitglied nicht mehr als zwanzig Aufsichtsratsstellen haben darf!

2. Die Vorschrift setzt Teile des Statuts außer Kraft, und zwar ipso jure. Die Außerkraftsetzung hängt nicht von der Eintragung der Statutenänderung im Handelsregister ab. Muß aber nicht die Aenderung des Gesellschaftsvertrages (durch das Gesetz) in das Handelsregister eingetragen werden? (§ 277 HGB.). Erfolgt die Eintragung von Amts wegen oder auf Anmeldung seitens des Vorstandes? Der § 277 bezieht sich auf die durch Generalversammlungsbeschluß erfolgte Aenderung. § 277: „Die Abänderung des Gesellschaftsvertrages usw." Infolgedessen muß das unrichtig gewordene Register von Amts wegen berichtigt worden. Dem Registerrichter muß das Protokoll der ersten Generalversammlung über das Geschäftsjahr, das am 1. Oktober 1931 läuft, eingereicht worden. Ist das Geschäftsjahr etwa am 31. Juli 1931 abgelaufen, dann ist das Protokoll der etwa im Oktober stattfindenden GV. aus diesem Grunde nicht einzureichen; erst das folgende der folgenden GV., mag sie eine ordentliche oder eine außerordentliche sein.

3. In dieser ersten GV. nach dem 1. Oktober 1931 können neue Bestimmungen über die Zusammensetzung und Bestellung des Aufsichtsrats und über die Vergütung der Mitglieder mit einfacher Stimmenmehrheit beschlossen werden. Das heißt also ohne Rücksicht darauf, ob ein entsprechender Punkt auf der Tagesordnung steht und ohne Rücksicht darauf, ob etwa der Gesellschaftsvertrag über diese Punkte eine qualifizierte Mehrheit vorsieht. (§ 251 HGB.)

Ist in dieser GV. versäumt worden, derartige Beschlüsse zu fassen, dann gelten für die folgenden GV. die Bestimmungen des HGB. und des Gesellschaftsvertrages. (§ 251 HGB.)

4. Die AG. muß einen Aufsichtsrat haben. (§ 243 HGB.) Infolgedessen ist in der ersten über das am 1. Oktober 1931 noch laufende Geschäftsjahr ein Aufsichtsrat zu wählen, da nach Abs. 2 das Amt der gewählten Mitglieder erlischt. Wiederwahl ist zulässig, wenn das Statut sie nicht ausschließt.

Die Wahl ist unverzüglich in den Gesellschaftsblättern von dem Vorstand bekanntzugeben. Der Vorstand hat die Bekanntmachung zum Handelsregister einzureichen.

5. Die Gesamtzahl der Mitglieder des Aufsichtsrats darf nach der Neuwahl nicht mehr als dreißig betragen. Werden mehr als dreißig gewählt, dann muß man unterscheiden. Werden etwa die amtierenden vierzig Mitglieder durch Akklamation auf einmal

wiedergewählt, dann ist die Wahl ungültig: sie verstößt gegen das Gesetz. In der nächsten GV. sind dann nicht mehr als zwanzig Mitglieder zu wählen.

Werden nacheinander die Personen zu Mitgliedern gewählt, dann ist die Wahl der ersten zwanzig wirksam, die Wahl der einundzwanzigsten usw. ist unwirksam.

6. Zwanzig Aufsichtsratssitze kann eine Person haben; mehr nicht. Wird jemand entgegen dieser Vorschrift gewählt, dann ist die Wahl unwirksam. Abs. 4 richtet sich gegen eine derartige Wahl; nicht gegen eine derartige Persönlichkeit.

Daß die Vereinigung von zwanzig Aufsichtsratssitzen in einer Person im Grunde genommen ebenso unmöglich ist, wie die Vereinigung von dreißig, vierzig, ist klar, wie nebenbei bemerkt werden mag. Eine wirklich fruchtbare und gewissenhafte Aufsichtstätigkeit in zwanzig Gesellschaften ist genau so ausgeschlossen wie in dreißig oder vierzig. In der Uebernahme von zu vielen Aemtern (auch unter zwanzig) kann eine Fahrlässigkeit liegen, die mit andern Umständen zur Schadenshaftung führen kann.

Artikel IX

(1) In besonders schweren Fällen des § 312 (Handeln zum Nachteil der Gesellschaft) sowie des § 314 Abs. 1 Nr. 1 (unwahre Darstellung oder Verschleierung) kann auf Zuchthaus bis zu 5 Jahren erkannt werden.

(2) Hinter § 318 des Handelsgesetzbuchs ist als § 318a folgende Vorschrift einzufügen:

§ 318a

Mit Gefängnis oder mit Geldstrafe wird bestraft:

1. **wer als Prüfer oder als Gehilfe eines Prüfers über das Ergebnis der Prüfung falsch berichtet oder erhebliche Umstände im Berichte verschweigt;**
2. **wer entgegen den Vorschriften dieses Abschnitts seine Pflicht zur Verschwiegenheit verletzt oder Geschäfts- und Betriebsgeheimnisse, die er bei Wahrnehmung seiner Obliegenheiten erfahren hat, unbefugt verwertet;**
3. **wer als Aufsichtsratsvorsitzender einer Prüfungsgesellschaft oder als sein Stellvertreter entgegen der Vorschrift des § 262g Abs. 3 Satz 2 die durch Einsicht eines**

Berichts erlangten Kenntnisse verwertet, ohne daß es die Erfüllung der Ueberwachungspflicht des Aufsichtsrats fordert.

1. Die zaghaften Vorschriften der VO. erfahren mit dem ersten Absatz sozusagen ohne Uebergang eine ungewöhnliche Verschärfung, die nach meinem Dafürhalten juristisch nicht zu rechtfertigen ist: Androhung von Zuchthaus durch eine Rechtsverordnung auf Grund des Art. 48 Abs. 2 RV., ist eine Maßnahme, die keine Rechtfertigung findet.

2. Ein besonders schwerer Fall liegt entweder nach dem ungewöhnlichen Maß der subjektiven Verantwortungslosigkeit, Rücksichtslosigkeit, Lügenhaftigkeit vor, oder aber nach der ungewöhnlich schädigenden Wirkung der beanstandeten Handlungsweise. Der eigene Nutzen des Zuwiderhandelnden wird dabei eine wesentliche Rolle spielen.

3. Die subjektive Voraussetzung des § 318a ist Vorsatz: Verschweigen ist nur mit Vorsatz denkbar. Weglassen ist auch fahrlässig möglich. Allein das Gesetz spricht ausdrücklich von Verschweigen. Daraus ergibt sich die Gleichstellung des falschen Berichts, der an sich auch durch Fahrlässigkeit zustande kommen kann.

Die Strafbarkeit der Fahrlässigkeit würde aber das Prüfungswerk lähmen: es würden sich nur Leichtsinnige dazu bereit finden.

4. Besondere Aufmerksamkeit verdient die VO. auch hier wieder den Geschäfts- und Betriebsgeheimnissen und der Verschwiegenheit gegenüber. Wegen der Einzelheiten sei auf die Anm. zu § 262 g verwiesen.

Artikel X

(1) Die Vorschriften der Artikel I bis IX gelten für die Kommanditgesellschaft auf Aktien entsprechend.

(2) Die den Vorstand der Aktiengesellschaft betreffenden Vorschriften über die Aufstellung, Vorlegung und Veröffentlichung des Jahresabschlusses, über die Vorlegung, den Inhalt und die Prüfung des Geschäftsberichts, über die Geltendmachung von Ersatzansprüchen der Gesellschaft wegen der Geschäftsführung sowie die Strafvorschriften des Artikel IX dieses Teiles gelten für die persönlich haftenden Gesellschafter entsprechend.

Artikel XI

(1) Die im § 226 Abs. 1 Nr. 2 bestimmte Frist von sechs Monaten beginnt frühestens mit dem Inkrafttreten dieses Teiles.

(2) Aktien, die die Gesellschaft bei Inkrafttreten dieses Teiles besitzt, können noch bis zum Ablauf von sechs Monaten nach dem Inkrafttreten dieses Teiles nach Maßgabe des § 227 Abs. 3 Nr. 3 eingezogen werden[1]).

1. Also bis zum 1. April 1932 (ausschließlich).

Artikel XII

Im § 63 Abs. 2 des Gesetzes über die Beaufsichtigung der privaten Versicherungsunternehmungen und Bausparkassen vom 6. Juni 1931 (Reichsgesetzbl. I S. 315) wird das Wort zweihundertfünfzigtausend durch das Wort hunderttausend ersetzt.

Artikel XIII

(1) Die Vorschriften dieses Teiles treten[1]) am 1. Oktober 1931 in Kraft.

(2) Die Reichsregierung bestimmt den Zeitpunkt, mit dem die Vorschriften des Artikel V[2]) in Kraft treten. Sie erläßt die zur Ueberleitung erforderlichen Rechts- und allgemeinen Verwaltungsvorschriften.

(3) Die Reichsregierung bestimmt ferner den Zeitpunkt, mit dem die Vorschriften des Artikel VI[3]) und die sich aus Artikel VII dieses Teiles ergebende neue Fassung des § 266 Abs. 1 Satz 1 in Kraft treten[4]). Der Zeitpunkt kann je nach dem Geschäftszweig und der wirtschaftlichen Bedeutung der Gesellschaften verschieden bestimmt werden. Soweit in dem § 266 Abs. 7 auf die §§ 262d und g verwiesen ist, gelten diese bereits als an dem im Abs. 1 bezeichneten Tage in Kraft getreten[5])[6]).

1. Gemeint ist der ganze erste Teil der aus drei Teilen bestehenden VO. Abs. 2 korrigiert den Abs. 1.

2. Also der Bilanzvorschriften.

3. Also der Bilanzprüfungsvorschriften.

4. Also der Gründung- und Geschäftsführungs-Prüfungsbestimmungen.

5. Die §§ 262d und g gehören zu Art. VI, dessen Inkrafttreten nicht am 1. Oktober 1931 erfolgt, vielmehr später bestimmt werden soll. § 266 gehört zu Art. VII. Abgesehen von Abs. 1 S. 1 tritt der Rest der Vorschrift am 1. Oktober 1931 in Kraft, und mit diesem Rest die §§ 262d und g, insoweit sie sich auf diesen Rest beziehen.

6. Siehe Art. XIV.

Artikel XIV

(1) Die Reichsregierung wird ermächtigt, die zur Durchführung dieses Teiles erforderlichen Rechtsverordnungen und allgemeinen Verwaltungsvorschriften zu erlassen. Sie kann insbesondere

1. **die Befähigung zur Ausübung der Tätigkeit als Gründungs- oder Bilanzprüfer von besonderen Voraussetzungen anhängig machen,**
2. **allgemeine Anweisungen für die Durchführung der Gründungs- oder Bilanzprüfung aufstellen.**

(2) Sie wird ferner ermächtigt,

1. **zu bestimmen, daß für das zur Zeit des Inkrafttretens dieser Verordnung laufende Geschäftsjahr die Bilanzprüfer vom Aufsichtsrat gewählt werden,**
2. **durch allgemeine Anordnung für Aktiengesellschaften und Kommanditgesellschaften auf Aktien geringeren Umfanges oder von besonderer Art Ausnahmen von den Vorschriften zuzulassen, die die Gliederung der Jahresbilanz und der Gewinn- und Verlustrechnung oder die Prüfung des Jahresabschlusses durch Bilanzprüfer betreffen,**
3. **durch allgemeine Anordnung zu bestimmen, welche Gesellschaften als solche geringeren Umfanges oder von besonderer Art anzusehen sind,**
4. **bis zum Inkrafttreten der Vorschriften der §§ 262a bis g und der sich aus Artikel VII dieses Teiles ergebenden neuen Fassung des § 266 Abs. 1 Satz 1 einstweilige Vorschriften für die Prüfung des Jahresabschlusses der Gesellschaft unter Einbeziehung der zugrunde liegenden Buchführung und des Geschäftsberichts des Vorstandes zu erlassen.**

(RGBl. I Nr. 63 S. 493 ff.)

Sachregister

E.

F.

G.

Druck. Hans Heenemann, Berlin W.

FSC
www.fsc.org
MIX
Papier | Fördert
gute Waldnutzung
FSC® C083411

Kolibri 360 GmbH
Ferdinand-Jühlke-Straße 7
99095 Erfurt, Deutschland
produktsicherheit@kolibri360.de